KB093882

이 책은 기존의 A, B, C, D 4가지 성격 유형을 구체적이고
상세하게 설명할 뿐만 아니라 자신의 성격을 평가하는 데
도움이 되는 성격 유형 검사도 실려 있어 공감하며 읽을 수 있다.
주목할 점은 저자의 연구로 새롭게 추가된 E형 성격이다.
E형 성격은 스트레스를 긍정적으로 대처하여,
오히려 스트레스를 통해 웰빙을 증진하고 성장할 수 있는 유형이다.
나아가 저자가 제시하고 있는 '333 정수법'은 E형 성격으로
변화하기 위한 매우 실용적인 방법으로 보인다.
개인적으로는, 성격이라는 말을 좋아하지 않는다.
사람들이 '성격' 하면 변하지 않는 무엇으로 생각하는 경향이
있기 때문이다. 그러나 저자는 성격을 삶의 결과로 보고,
변화할 수 있다고 설득한다. 독자들이 자신의 변화 가능성을 믿고
긍정적인 관점에서 스스로를 바라볼 수 있도록 하는 것이
이 책의 가장 큰 장점이다.

이 책을 많은 사람들이 읽고 좀 더 행복해지기를 기원한다.

__ 김정호 덕성여대 심리학과 교수

자기 삶을 통한 이야기보다 설득력 있는 것은 없다.
'E형 성격'은 스스로 스트레스에 취약했던 저자가
평생 스트레스를 연구하고 진료하면서 터득한 내용을
공부하고 정리한 결과물이다. 이 책에서 저자는
조목조목 과학적 증거를 통해, E형 성격이야말로
스트레스로 둘러싼 이 세상에서 행복하고 건강하게
살아갈 수 있도록 해준다는 것을 증명하고 있다.
특히 E형 성격을 닮을 수 있는 '333 정수법'은
남녀노소 누구나 할 수 있는 매우 간단한 일상의 습관이다.
스트레스로 포위된 우리나라에서 E형 성격을 가진
사람들이 늘어난다면, 그만큼 더 행복하고
평화로운 사회가 될 거라고 기대한다.

_ 채정호 가톨릭 의대 정신과학교실 교수, 한국트라우마스트레스학회 회장

●

"무엇을 발견하라는 말이오?" 하고 묻는다면
나는 "혼자 힘으로 발견하셔야 합니다.
그렇지 않으면 발견이 아닐 테니까요"라고
대답할 수밖에 없다.

__ P. 맥스웰Maxwell

●

인생은 흘러가는 것이 아니라
채워지는 것이다.
우리는 하루하루를 보내는 것이 아니라
내가 가진 무엇으로 채워 가는 것이다.

__ 존 러스킨John Ruskin

E형 인간
성격의 재발견

행복은 없다.
행복한 성격이 있을 뿐이다

Resilient to
Stress:
Proposed
A Novel Type E
Personality

성격은 일생 동안 만들어지는 삶의 결실이다

살면서 '성격' 때문에 한 번도 힘들지 않은 사람이 있을까? 많은 사람들이 자신의 성격에 불만을 갖는다. 나에게 없는 다른 사람의 성격을 부러워한다. '나는 너무 소심해! 자신감이 부족해! 왜 화를 참지 못할까! 당당함을 닮고 싶어!' 때로는 뜻대로 되지 않는 일들을 성격 탓으로 돌리기도 한다. 이런 우화가 있다. 신은 가끔씩 사람들에게 빵 대신 돌멩이를 던진다. 그때 누군가는 돌을 원망하며 걷어차다가 발가락을 다치지만, 다른 누군가는 그 돌을 하나하나 주춧돌 삼아 집을 짓는다. 생각하고 행동하는 대로 거둔다는 뜻이다.

삶은 크고 작은 돌멩이를 맞는 일의 연속이다. 나에게 날아온 돌을 '어떻게 하느냐'의 방식이 바로 '자기방어(self defense)'이다. 어떤 사람은 왜 나에게만 돌이 날아오느냐며 화를 내고, 어떤 사람은 돌이 날아오는 방향을 연구해서 피하고, 또 어떤 이들은 상처를 보듬으며 돌을 쌓아 뭔가를 만들기도 한다. 이 가운데 건강한 자기방어를 찾아낸 사람들은 몸과 마음이 안정된 삶을 살아간다. 그렇지 못한 이들은 힘들고 고달프게 살 확률이 높다. 자기방어에는 타고난 유전적 소양, 가정환경, 교육, 성격 등이 영향을 미친다. 특히 성격이 관계가 깊다. 이는 많은 연구를 통해 밝혀졌다. 그렇다면 건강한 자기방어에 유리한 '성격'은 따로 있을까.

보통 사람들은 마음이 가슴에 있다고 여긴다. 그러나 마음은 철저하게 뇌의 작용이다. 겨우 1,300~1,500g에 불과한 뇌가 인간의 마음과 생각과 행동을 관장한다. 수천억 개에 이르는 무수한 뇌의 신경세포는 신경전달물질(호르몬)로 정보를 주고받는다. 희로애락 수많은 감정들은 바로 호르몬의 영향 아래 움직인다. 우리가 '성격'이라고 하는 '반응'도 여기서 결정된다. 즉 외부의 조건이나 환경에 대해 나의 뇌가 어떻게 반응(호르몬 분비)하느냐에 따라 성격이 만들어지고, '행복의 느낌'이 좌우된다. 가난하고 척박한 나라 부탄이 세계에서 가장 행복도가 높다는 사실도 이런 맥락으로 읽을 수 있다. 행복은 바깥의 조건이 만들어주는 게 아니라 이미 뇌(마음) 속에 깃들어 있는 것이다.

뇌의 구조와 호르몬의 역할이 조금씩 드러나면서 몸의 건강은 물론, 보이지 않아 신비롭게 여기던 정신세계는 인간이 조율할 수 있는 영역으로 들어오고 있다. 수많은 병과 노화에 이르기까지 우리 몸을 허물어뜨리는 변화도 호르몬의 불균형에서 시작된다. 호르몬의 작용을 알면 곧 나의 성격과 감정을 깊이 이해할 수 있으며, 이는 몸과 마음이 건강하고 행복해지는 길이기도 하다.

호르몬이 균형을 이루는 데 가장 바람직한 성격 유형이 바로 이 책에서 처음으로 제안하는 'E형'이다. 40여 년간 많은 환자들을 만났다. 암과 같은 큰 병에 걸린 이들 가운데 유독 차분하게 받아들이고 웃음을 잃지 않는 분들을 관심 있게 지켜보았다. 그들은 삶의 마지막까지 담담했다. 주위 사람에 대한 배려를 잃지 않고 감사함도 넘쳐났다. 매사 여유롭고 자신이 할 수 있는 일을 끝까지 하려고 했다. 죽음이 가까이 있지만 아직은 오지 않았으니, 현재의 삶을 살겠다는 태도라고 나는 생각했다. 그들과 과거, 성격, 가족관계 등 많은 이야기를 나누었다. 그 속에서 한 가지 공통점을 찾아냈다. 그들은 일상에서 부정적인 스트레스(distress)를 만날 때마다 바로 이를 전화위복으로 삼고 긍정적 스트레스(eustress)로 빠르게 전환했다. '지금 일어난 일은 내 힘으로는 되돌리지 못한다. 화내고 짜증내도 달라지지 않는다. 그럼 다음에 내가 할 행동은 뭐지?'라고 생각의 전환이 바로 일어나는 것이다. 호르몬 분비 조사에서도 스트레스 호르몬이 긍정 호르몬으로 빠르게 균형을 찾아가는 것으로 나타났다. 이들은 기존에 발표된 스트레스 성격 유형(완벽주의자 A형, 낙천주의자 B형, 소심하고 착한 C형, 적대적인 D형)과는 분명한 차이가 있었다. 새로운 스트레스 성격 유형인 'E형 성격'은 이렇게 탄생했다. 'E형 성격'은 살아가면서 만들어지고 계발되는 면이 강했다. 신이 던진 돌멩이로 집을 짓는 사람이었다. 인간 수명 120세를 바라보는 시대이다. 이제는 단순히 오래 사는 것만은 의미가 없다. 건강과 행복, 성취, 인간관계가 어우러져야 진짜 재미있고 즐거운 인생이다. 그래서 더더욱 앞으로 미래 세대에게 꼭 필요한 성격은 'E형 인간'이다. 미래학자 제럴드 셀런트Gerald Celente는 1999년에 발간된《Trends 2000: How to Prepare for and Profit from the Changes of the 21st Century》(한국어판《신사고 신혁명》)에서 말했다.

"21세기 생존을 위한 도구상자에는 공격용 총, 돼지고기나 콩 통조림 따위는 들어있지 않다. 이 생존 상자 안에 있는 것은 태도, 생각, 풍부하고 건강한 의식, 개척자 정신, 소박함, 올바른 생활방식, 균형 잡힌 훈련, 책임의식, 수준 높은 양심에 대한 요구 등이다. 이것들은 미래에 꼭 필요한 사고방식이자 행동방식이며 살아남기 위한 프로그램이다."

18년 전 전망이 참으로 적절하게 맞았다. 날로 경쟁이 심화되고 각박해지고 늘어나는 정서적인 자극 속에서 몸과 마음이 약해지는 지금, 스스로를 보호하고 타인과 함께 살아가는 삶을 위한 새로운 인간형이 바로 'E형 성격'이다. 우리는 성격을 바꾸고 싶다고 하지만, 성격은 쉽게 바꿀 수 없다. 대신 타고난 성격을 장점으로 살려 E형 성격을 닮는다면 보다 건강하고 행복한 삶을 살 수 있다. 성격은 100% 타고나지 않는다. 삶의 마지막까지 평생 만들어지는 삶의 결과이자 결실이다. 빙산의 일각이라는 말이 있다. 부모에게 물려받은 성격이 마음에 들지 않지만, 그것은 빙산의 작은 부분일 뿐이다. 깊은 바다 속에 잠겨 있는 보이지 않는 부분을 떠올려보라. 우리가 꺼내 쓰고 다듬어야 할 E형 성격이 그곳에 있다.

이 책은 내가 평생 병원에서 환자들을 만나고 강단에서 가르치며 연구한 결산이다. 먼저 아내 김미지자 권사에게 특별한 고마움을 전한다. 아내는 나의 까탈스러운 성격을 둥그렇게 다듬어주었다. 또 오사카 의과대학에서 면역학 공부를 시작하고, 귀국해서 한국 생명공학연구원의 전신인 KIST 유전공학센터로 가게 된 데도 아내의 지원과 독려가 있었다. 그 시절이 없었다면 정신신경면역학자로서의 삶도 없었다. 그리고 나의 연구에 도움을 준 일본 오사카 의과대학의 기시모토 다다미쓰岸本忠三 교수님, 미국 코넬 의대의 조동협 교수님, 미국 워싱턴 주립의

대의 한스 오크스Hans Ochs 교수님, 미국 듀크 의대의 레드포드 윌리엄스Redford Williams 교수님에게도 깊은 감사를 드린다. 무엇보다 평생 겸손함을 잃지 않고 의사의 길을 걷게 해준 수많은 환자 한 분 한 분에게 고마운 마음 전한다.

끝으로, 이 책을 쓰면서 나도 많은 것을 배웠다. 그 중 하나는 삶이 주는 많은 것들을 있는 그대로 받아들여야 앞으로 나갈 수 있다는 점이다. 타고난 성격을 인정하고 긍정적으로 변화하려는 노력에서 인생의 행복과 재미는 시작된다. 이 재미를 알려준 아내, 그리고 일에 대한 끈질긴 성품을 물려주신 부모님께 이 책을 바친다.

2017년 9월 가을
변광호

목차

1

행복은 없다 행복한 성격이 있을 뿐이다

●

성격은 극복할 무엇이 아니다.

극복이 완전히 없애는 것을 뜻한다면

그것은 불가능에 가깝다.

성격은 '나'를 이루는 하나의 특징이며,

'나'를 이해하겠다는 마음으로

바라보아야 한다.

말기암 환자의
마지막 노래

'찬송가 할머니'가 세상을 떠났다. 전날 아침 회진 때 몇 마디 말을 주고받았는데, 하루 만에 생과 사가 나뉜 것이다. '찬송가 할머니'라고 불리던 P여사는 말기암 환자였다. 큰 병원에서 치료를 받다가 내가 일하는 노인병원으로 왔다. 우리 병원으로 올 때는 아마도 생의 마지막을 준비하는 심정이었을 것이다.

삶이 얼마 남지 않은 중증 환자들에게 의사로서 내가 해줄 것은 많지 않다. 몸을 살펴 영양 상태를 점검하여 필요한 처치를 하고, 통증을 줄여주는 진통제 투여, 수면제를 처방하는 정도이다. 무엇보다 환자가 느끼는 불편함이 무엇인지 알고 최대한 편안하게 해주는 것이 최선이다. 하지만 환자들의 이런저런 호소를 그저 잘 들어주는 것이 가장 중요한 치료일 때도 있다.

P여사는 특별히 무엇을 해달라고 요구하지 않았다. 어디 불편한 데는 없느냐고 물으면 매번 웃음으로만 대꾸할 뿐이었다. P여사의 잔잔한 미소를 보면 덩달아 내 얼굴 주름이 펴지는 느낌을 받곤 했다.

그런데 P여사는 통증을 느끼지 못했던 것일까? 보통 말기암 환자가 느끼는 통증은 상상을 초월한다. 누구도 예외는 없다. 다만 고통을 표현하는 방식이 저마다 다를 뿐이다. 소리를 지르거나 눈물을 보이거나 화를 내고 이를 악무는 등, 이 모든 것이 사실 고통을 견디는 나름의 방법이다. P여사는 찬송가를 불렀다. 그래서 '찬송가 할머니'다. 진통제 대신 찬송가를 부르며 고통을 달랬다. 나중에 이를 눈치 챈 나는 자녀들에게 제안했다. 통증을 무조건 참는 게 능사가 아니다, 적당한 진통제로 통증을 줄여주어 어머니를 좀 더 편안하게 해드리면 어떻겠느냐고. 자녀들은 내 말을 따라주었다. 그 뒤 P여사가 찬송가를 부르면 간호사들이 손등에 꽂혀 있는 링거 줄에 진통제를 놔주었다.

P여사는 자녀들이 지켜보는 가운데 세상을 떠났다. 평온한 죽음, 따뜻한 작별이었다. 평온한 죽음이란 무엇인가. 그것은 우리 삶에서 가장 두려운 '죽음'의 단계를 받아들이는 태도에서 비롯한다. 다시 말해 평온은 받아들임이다. 반대로 화와 분노, 체념, 포기, 이런 감정에는 '여유'가 없다. 오직 벗어나기 위한 부정의 몸부림만이 있을 뿐이다. P여사는 자신이 처한 상황을 그대로 받아들였다. 그러자 병이 주는 고통에 대해서도 너그러워지고 막연한 공포도 줄어들었다. 통증에 대한 민감도도 떨어져 조금은 덜 아프게 느꼈다.

P여사의 차분한 모습은 자녀들과 주위 사람들에게도 영향을 주었다. 자녀들은 처음에는 충격을 받았지만 그 감정에 머물

지 않았다. 슬픔에만 빠져 있지 않았다. 대신 어머니에게 해줄 수 있는 일들을 찾았다. 번갈아 수시로 병원을 방문하고 담소를 나누며 어머니의 기분을 맞춰주고 편안하게 해드렸다. 그들이 나눈 이야기는 가족들이 함께 보낸 소소하고 작은 추억들이리라. 아파하고 고통스러워하는 환자를 바라보는 가족은 환자만큼 힘들다. 하지만 가족 사이에 흐르는 보이시 않는 유대감은 덜 고통스럽게 하고 두려움에서 벗어나게 한다.

노인병원의 환자들은 대부분 죽음을 목전에 둔 이들이다. 그들은 항상 죽음을 느끼고 인지한다. 그래서 그들의 말과 행동에는 죽음에 대한 생각과 태도가 배어 있다. 이를 통해 어떻게 살아왔는지 지나온 삶을 조금 엿볼 수 있다. 삶의 장애물 혹은 절체절명 위기라고 할 수 있는 암이라는 병 앞에서 P여사는 자신을 긍정하고 가족을 보듬었다. 병 때문에 다른 중요한 것을 잃어버리지 않으려 했다. 짐작컨대, P여사는 인생의 크고 작은 어려움, 혹은 위기가 닥칠 때마다 회피하거나 분노하는 등의 부정적인 대응을 하지 않았을 것이다. 그래서 생의 마지막, 남은 시간을 어떻게 사용해야 할지 스스로 선택할 수 있지 않았을까.

결국 많은 죽음을 목격한 내가 내린 결론은, 전반적으로 인생을 잘살아온 사람일수록 죽음 앞에서 갈등과 불안이 적었다. P여사의 마지막 삶의 태도는 어쨌거나 의사인 나도 본받고 싶은 모습이었다.

왜 하버드대에서는 80년 동안
'행복'을 연구했을까

영화배우 짐 캐리가 이런 말을 했다. "이 세상 모든 사람이 부자가 되고 유명해져서 자신이 꿈꿔왔던 모든 것들을 얻기를 소망한다. 그러나 그때가 되면 알게 될 것이다. 그것들이 내가 진정으로 찾던 답이 아니었다는 것을." 그럼 우리가 찾는 답은 무엇인가.

첨단과학 연구도 아니면서 80여 년이라는 긴 시간 동안, 세계 최고의 대학 중 하나인 하버드대에서 연구한 분야가 있다. 바로 '행복에 대한 연구'이다. '하버드대학교 성인발달연구팀'은 1938년부터 75년 동안 다양한 계층의 소년 724명을 뽑아 2년마다 그들을 인터뷰하며 삶을 따라갔다. 평생의 삶을 좇은 것이다. 부모의 직업부터 직업, 건강, 결혼, 가정생활, 사회적 성취, 친구관계 등 삶의 전반을 살폈다. 물론 뇌 스캔검사, 건강 검진 등 신체적인 변화도 추적했다. 2015년 하버드 의대 정신과 교수인 로버트 월딩어Robert Waldinger는 75년 동안 쌓인 데이터를 바탕으로 '무엇이 행복을 결정하는가'에 대한 연구 결과를 발표했다. 그가 밝힌 행복한 삶의 첫 번째 조건은 바로 '인간관계'였다.

연구에 따르면, 행복은 우리가 삶의 목표로 좇는 돈과 성공, 성취, 명예에 있지 않았다. 열심히 노력하는 과정에서 느끼는 성취감도 행복감을 주는 데는 궁극적으로 크지 않았다. 월딩어 교수는 행복한 삶의 비결을 크게 세 가지로 꼽았다.

첫 번째는 가족과 친구, 공동체와의 연결이 긴밀할수록 행복도가 높으며, 외로움과 고독은 독약과 같은 역할을 한다. 인간관계가 좁고 혼자 지내는 사람보다 사회적 관계가 활발한 사람이 신체적으로 건강하고 수명도 더 길었다. 외로움은 행복감을 떨어뜨리고 건강이나 두뇌에도 나쁜 영향을 끼쳤다.

두 번째, 얼마나 많은 사람과 관계를 맺느냐보다 친밀함, 신뢰도가 높은 관계를 맺는 사람이 더 행복하다. 양보다 질이 중요하다는 뜻이다. 젊은 시절부터 좋은 관계를 맺어 온 사람일수록 나이 들어서 더 건강하고 노화 속도도 느렸다.

세 번째, 좋은 관계가 몸과 마음뿐 아니라 두뇌도 보호한다. 자신의 의도와는 다르게 혼자 지내는 시간이 많은 사람은 상대적으로 나이 들수록 뇌기능이 더 빠르게 떨어졌다. 힘들고 어려울 때 의지할 수 있는 관계를 맺고 있는 사람의 기억력이 더 오래 잘 유지된다.

월딩어 교수는 말했다. "조사에 참여한 이들은 대부분 젊은 시절에 부와 명성, 높은 성취를 추구하는 데 삶의 목표를 두었다. 그들은 그것들이 성공한 삶, 좋은 삶을 가져다줄 거라고 믿었다. 그러나 75년 동안의 연구에서 가장 행복한 삶을 산 이들은 부와 명성이 아닌, 의지할 수 있는 가족과 친구, 공동체와 연결되어 있는 사람들이었다."

하버드 의대의 연구에 비춰 보면, '찬송가 할머니'는 행복한 삶을 살았다. 아픈 어머니를 돌보는 자녀들과 문병 오는 지인들. 그들이 병실에서 만들어내는 분위기는 오랜 세월 쌓인 깊은 신뢰와 배려가 만들어내는 훈훈함 그것이었다. 보통 암 병동에 가득한 무거운 우울감은 없었다. 관계에서 비롯된 안정감이 '죽음'마저 삶의 단계로 받아들이게 했다. P여사가 삶의 끝에서 마지막으로 눈에 담고 가슴으로 느끼고 가져간 것들은 돈이나 명예가 아니었다.

사실 인간관계가 인생에서 중요하다는 것은 어제오늘의 이야기가 아니다. 다만 하버드대에서 75년간 연구하여 발표한 결과는 이 평범한 사실을 실제 확인시켜주었다는 데 의미가 있다. 삶에서 우리를 건강하고 행복하게 해주는 것은 '관계'라는 것, 이는 새롭지는 않지만 언제나 잊지 말아야 중요한 가치다.

자, 이제 행복해지는 답을 알았으니 그 다음 할 일은 분명해졌다. 내 주위를 공기처럼 둘러싸고 있는 사람들과 좋은 관계를 만들어가면 되는 것이다.

장수의 비결은
브로콜리가 아니라 성격이다

운전을 잘하지 못하는 나를 위해 아내는 종종 운전을 해준다. 내가 은퇴하고 지방 노인병원에서 일하게 되면서 수말부부가 된 뒤부터다. 금요일 밤, 기차를 타고 서울역에 도착하면 아내가 차를 타고 마중을 나온다. 혹 아내에게 다른 일이 있어 나오지 못하면 택시를 탄다. 어느 부부이건 살면서 이런저런 부침이 있지만, 우리 부부가 별 탈 없이 지금까지 비교적 건강하게 잘 살고 있는 것은 순전히 아내 덕분이다. 아내는 내 불평을 들어주고 서두르는 것은 기다려주고 고집스러움을 이해해주었다. 금요일 밤, 역 앞에서 기다리고 있는 아내의 차를 멀리서 발견하고 그쪽으로 걸어갈 때면 가끔 이 평온한 일상이 믿기지 않을 때도 있다.

로버트 윌딩어 교수는 사람들과의 관계가 행복을 좌우한다고 했다. 그러나 인간관계는 생각만큼 단순하지 않다. 많은 사람들이 관계 때문에 상처 입고 좌절하고 아예 마음의 문을 닫아버리기도 한다. 세상에서 가장 가깝다고 하는 부부, 부모 자식 관계는 또 얼마나 어렵고 복잡한가. 가만 보면 세상에 일어나는 온갖 나쁜 일과 고민, 슬픔, 절망은 관계에서 비롯되는 듯하다. 왜 우리는 다른 사람과 관계 맺는 데 그토록 어려움을 느끼는가.

이는 저마다 성격이 다르기 때문이다. 백인백색百人百色, 사람마다 다른 특색이 있다는 뜻이다. 성격이 다르다는 것은 곧 생각이 다르다는 것이다. 똑같은 상황을 두고도 서로 다르게 바라보고 느끼고 판단하고 말하고 행동한다. 그 차이에서 오해와 갈등이 빚어진다. 갈등이 심해지면 짜증, 화, 분노가 일어난다. 정서적 물리적 폭력 사태가 일어나기도 한다. 이런 부정적인 감정이 쌓이면 관계는 더 이상 이어지지 않는다. 신뢰 관계가 깨졌다는 뜻이다.

주위에는 흔히 '성격 좋다'는 평판을 듣는 이들이 있다. 대부분 사람들과 원만하게 어울리고 배려심이 많고 친절한 사람들이다. 인간관계가 좋은 사람들의 성격적 특징은 몇 가지로 정리된다. 첫째, 늘 긍정적이다. 둘째, 다름을 인정한다. 셋째, 관계는 상호존중의 바탕에서 시작한다. 넷째, 상대에 대한 이해력이 높다. 다섯째 이성과 감성을 조율할 줄 안다 등. 행복에 대한 수많은 책들, 특히 자기계발서들은 성격을 바꾸어야 사회적으로 성공할 수 있다고 조언한다. 현대사회에서는 개인의 특정한 성격과 인성이 단지 성공의 조건으로 변질된 느낌도 없지 않다.

성격은 건강에도 영향을 미친다. 이는 현대의학에서 밝혀졌으며 지금도 연구되고 있다. 고혈압, 부정맥, 천식, 위궤양, 편두통, 염증질환 등 많은 내과적 질환이 성격에서 비롯한 신경증의 증상일 수 있다는 것이다. 예를 들면 심장병 환자가 병원에 가면 의사는 병증에 맞는 치료약을 준다. 그러나 좀처럼 낫지 않을 때도 있다. 이때는 심리, 성격적인 영향이 더 크기 때문이다. 일본에는 전 세계에서 볼 수 없는 '심료내과'가 있다. 정신과와 내과가 결합한 독특한 형태의 진료과목이다. 병증과 함께 환자의 성격과 정서, 생활습관 등을 고려, 최종적인 진단을 내려 종합적인 치료가 이뤄진다. 이런 점에서 그 사람의 성격과 심리, 습관, 인간관계를 보면 앞으로 건강 여부부터 얼마나 살지 수명까지 가늠해볼 수 있다.

이를 뒷받침하는 수명에 대한 연구가 있다. 캘리포니아대 심리학과 교수인 하워드 S. 프리드먼Howard Steven Friedman을 주축으로 한 '터먼 프로젝트'이다. 이 연구는 앞서 스탠퍼드대 루이스 터먼Lewis Terman 박사가 1921년부터 1500명의 삶을 추적하여 진행한 수명 연구를 이어받아 완성한 것이다. 터먼 박사는 1910년 전후에 태어난 1500명의 아이들을 대상으로 이들이 어떤 삶을 살았는지, 직업과 건강, 사망일, 사망 원인, 가정환경, 성격, 교육 수준, 인생관, 종교, 결혼과 이혼, 사회적 관계 등을 총체적으로 추적하여 분석했다. 이를 이어받은 프리드먼 교수의 연구까지 더하면 장장 80년간에 이르는 오랜 연구였다.

결과는 놀라웠다. "성실하고 인내심이 많고 책임감이 높은 사람들이 건강하고, 장수한다"는 것이다. 건강을 위해 우리가 흔히 하는 노력들, 이를테면 운동, 채식, 긍정적으로 생각하기 등은 뒤로 밀렸다. 이런 노력보다 개인의 성격 특성이 건강과 수명에 더 큰 영향을 미친다는 것이다. 프리드먼 교수는 저서 《The Longevity Project》(한국어판《나는 얼마나 오래살까》)에서 이렇게 밝히기도 했다. "장수한 사람들의 건강비결은 브로콜리라든가, 건강검진, 비타민, 조깅 따위가 아니라 그들의 성격, 직업, 사회생활과 밀접하게 연관돼 있는 것으로 나타났다. 이들은 남들과 대화를 잘하고 봉사를 하는 특성이 있다."

100세 시대, 단순히 오래 사는 것만이 좋은 것은 아니다. 우리가 바라는 것은 건강하고, 행복하게, 오래 사는 것이다. 다시 말하면 건강과 긴 수명, 행복, 이 세 가지의 바탕은 어떤 성격을 가지고 살아가느냐에 달려있음을 알 수 있다.

나는 뇌 속에서 어떤 성격을
꺼내 쓰고 있는가

성격에 대한 연구는 이미 고대부터 시작되었지만 그 지도는 아직 완벽하지 않다. 인간은 계속 진화하고, 우리를 둘러싼 환경은 급속도로 변하고 있기 때문이다. 인간 유형을 9가지로 나누는 '애니어그램Enneagram'은 고대 그리스 시대에서 유래할 만큼 역사가 깊고, 또 널리 알려져 있다. 그러나 과학적 근거가 부족하다는 비판을 받는다.

독일의 정신병리학자 에른스트 크레치머Ernst Kretschmer는 사람의 골격으로 성격 유형을 나누었다. 그는 정신질환을 앓는 환자를 치료하면서 병증과 체격에 밀접한 관계가 있음을 발견하고, 사람의 골격을 세장형(키가 크고 마른 체형), 역사형(근육형), 비만형으로 나누고 성격 특징을 분류했다. 세장형은 조용하고 예민하고 생각이 많으며, 다소 신경질적인 면이 있다. 역사형은 열정적이며 완벽함을 추구하며 감정을 억제하지 못하기도 한다. 비만형은 사교적이고 밝고 개방적이며 환경에 잘 적응한다. 우리나라 전통 한의학인 사상체질은 내부 장기의 대소大小를 기준으로 체질과 성격을 구분한다.

크레치머는 성격의 체질학적 기초를 닦은 것으로 평가받지만, 그가 밝힌 체질과 성격이 정확하게 맞을 확률은 50% 내외였다. 외모를 보고 그 사람의 성격을 판단하는 것은 맞을 수도, 틀릴 수도 있는 것이다.

또 분석심리학자 칼 융Carl G. Jung은 나의 생각과 판단을 결정하는 기준에 따라 외향형과 내향형으로 구분했다. 즉 스스로 판단하고 주체적인 결정을 하는 유형을 내향형 성격으로, 타인의 의견과 평판 등 외부 조건에 따라 결정하는 유형을 외향형 성격으로 보았다. 가령, 음식점에 가서 내가 좋아하는 음식을 주문하면 내향형, 식당 주인에게 어떤 음식이 맛있냐고 의견을 묻고 주문하면 외향형 기질이 높다고 보았다. 외향형, 내향형 둘 가운데 어느 기질이 우수하다고는 볼 수 없다. 상황에 맞게, 종합적으로 판단하는 것이 가장 합리적이다.

한편 융이 개발한 'MBTI(Myers-Briggs Type Indicator) 성격검사'는 학교, 군대, 대기업 등 많은 조직에서 적성검사나 인사 자료로 쓰이는 대표적인 검사지표이다. 아마 누구나 한두 번은 해보았을 것이다. 그러나 최근에는 학계에서 배제되고 있기도 하다. 16가지 유형으로 구분된 이 지표는 검사를 할 때마다 검사자 자신이 처한 상황과 경험에 따라 결과가 매번 다르게 나오기 때문이다. 즉 객관적 신뢰도가 떨어진다고 볼 수 있다. 심리학자 애니 M. 폴Annie M. Paul은《Hilfe, wir machen uns verruckt》(한국어판《심리학에 속지 마라》)에서 "MBTI 검사에서 말하는 16가지 유형이 12개의 별자리보다 더 유효하다는 증거는 없다"라는 비판을 하기도 했다.

성격을 구분하는 데 정확하고 완벽한 기준은 아직까지 없는 셈이다. 한편 성격과 질병의 상관관계를 분석하는 연구는 20세기에 들어와서 정신분석학자 지그문트 프로이트Sigmund Freud가 최면술로 환자의 심리상태를 파악하여 신경증 환자를 치료하면서 널리 알려졌다. 1939년에는 미국의 의사들이 주축이 되어 성격과 질병에 관한 관계를 연구하는 '정신신체의학회'가 창설되기에 이르렀다. 그 뒤 성격과 질병 연구는 꾸준히 진행되었으며, 1990년대에 이르러 병의 증세로 성격 유형을 나누기 시작했다. 지금까지 4가지 성격(A형, B형, C형, D형)이 발표되었으며, 각 성격 유형별 특징에 따라 내가 어디에 해당하는지 살펴보면, 미래에 내 몸의 건강 상태와 대강의 수명까지 짐작해 볼 수 있다.

질병에 따른 성격 유형을 구분하는 기준은 스트레스를 어떻게 인식하고, 반응하고 어떤 행동으로 대응하느냐에 있다. '스트레스Stress'는 흔하게 쓰는 말이지만, 스트레스가 무엇이냐는 물음에는 누구도 쉽게 답하지 못한다. 스트레스는 의학적으로 적응하기 어려운 환경에 처할 때 느끼는 심리적 신체적 긴장 상태를 말한다. 나를 자극하고 위협하는 외부의 힘에 대응해 스스로를 보호하려는 심신의 변화 과정이다. 똑같은 스트레스 상황에서도 사람마다 반응 방식은 다르다. 예를 들면 도로에서 차가 막혀 옴짝달싹하지 못한 상황에서 어떤 운전자는 거친 욕을 하며 화를 내지만, 또 어떤 운전자는 음악을 들으며 도로가 뚫리기를 기다린다.

사실 우리는 태어나는 순간부터 죽을 때까지 스트레스적 상황에 둘러싸여 살아간다. 단순한 예로, 아기 때는 축축한 기저귀와 배고픔에 울어대고, 유아 때는 '만지지 마라' '하지 마라' '가지 마라'는 엄마의 말에 시달리고, 학교에 들어간 뒤에는 엄청난 공부 압박에 시달린다. 성인이 되어 무사히 직장인이 된 뒤에는 본격 인생 스트레스가 시작된다고 볼 수 있다. 평범한 직장인의 하루를 상상해보자. '늦잠을 자느라 버스를 놓쳐 땀을 뻘뻘 흘리며 회사에 도착했더니, 5분 지각! 상사에게 꾸지람 듣고 난 뒤 업무에 실수를 하고 이를 만회하느라 점심을 건너뛰고…, 이래저래 오늘은 되는 일이 없다.' 하는 일마다 안 되는 이런 하루는 누구나 경험해 봤을 것이다.

우리 삶에 무수히 닥치는 크고 작은 스트레스적 상황을 떠올려보라. 그리고 그때마다 나는 어떻게 반응하고 대응했는지 곰곰이 생각해보라. 나의 태도를 보면 내 성격 유형을 대강 짐작해볼 수 있을 것이다. 긍정적인지, 예민한지, 여유로운지, 완벽주의인지… 등.

살펴본 바와 같이 성격은 우리 삶에 절대적인 영향을 미치는 만큼 오랜 세월 연구되어 왔다. 성격 연구가 학문의 영역으로 들어온 것은 얼마 되지 않는다. 최근에는 스캐닝과 자기공명영상(MRI) 등 의료 기술의 발달로 뇌 구조와 기능을 관찰하면서 뇌와 성격 연구가 비약적으로 발전하고 있다. 성격을 알면 앞으로 어떤 삶을 살아갈지 짐작해볼 수 있다. 이는 좋은 성격과 나쁜 성격을 구분하기 위한 것이 아니다. 성격을 이해하면 그만큼 인생을 잘 풀어갈 수 있다.

누구를 닮았을까보다
어떻게 바꿀까를 생각하다

'너는 누구를 닮아서 성질이 이 모양이니?'

어린 시절 누구나 부모에게서 한 번은 들어보았을 말이다. 자녀의 성격은 부모를 닮는다는 말은 맞는 말이다. 성격은 유전적 소인과 어린 시절의 교육 환경, 과거의 경험 등이 복합적으로 작용하여 발현한다. 그 중에서 유전적 소인이 가장 크게 영향을 미친다.

지금까지 연구된 결과로는 성격을 형성하는 데 약 50%가 유전적 소인으로 나타난다. 1979년 미국의 심리학자 토마스 부샤드Thomas Bouchard는 태어난 지 얼마 안 되어 각각 다른 가정으로 입양되어 40년 만에 다시 만난 쌍둥이를 조사한 결과, 놀랍게도 이들은 똑같이 고혈압을 앓고 비만이 있으며, 취미와 습관, 성격도 비슷하다는 것을 알 수 있었다. 부샤드 박사는 다른 쌍둥이의 사례를 더 연구하여 성격이 유전자의 영향을 받는다고 주장했다.

캐나다 웨스트온타리오대 토니 베논Tony Vernon 박사팀 역시 비슷한 쌍둥이 연구를 진행했다. '정신의 강인함과 유전적 소인·환경적 소인과의 관계'를 살피는 이 연구는 같은 유전자 조합을 가지고 태어난 쌍둥이들을 대상으로 이뤄졌다. 2008년 발표된 결과를 보면, 강인한 정신력은 유전적 요인 52%, 환경적 요인 48%의 영향으로 유전자의 영향이 조금 더 우세한 것으로 나타났다. 강인한 성격은 부모에게서 물려받을 가능성이 더 크다는 뜻이다. '너는 누구를 닮아서 이렇게 나약한 거니?'라고 소심한 자녀들을 낫하는 부모라면, 아이를 탓하기 진에 자신을 힌 번 돌아봐야 할 것이다.

여하튼 두 결과는 무엇을 의미하는가. 어쩌면 이 결과에 대해 어떻게 생각하느냐에 따라 각자 성격의 한 단면을 보여주는 예가 될 수 있다. 크게 2가지 생각으로 나뉜다. 성격은 타고나는 것이므로 어쩔 수 없다고 단정 짓는 유형, 다른 하나는 유전과 환경적 소인이 거의 비슷하니 노력하면 성격을 좀 바꿀 수도 있겠다고 생각하는 것이다. 당신은 어느 쪽인가.

신체적인 건강에서도 비슷한 결과를 보인다. 부모에게서 물려받은 유전적 소인이 20~40%, 나머지는 비유전성(환경, 성격, 생활습관 등)이 병의 원인이다. 그러나 어느 한 가지 요인이 100% 작용하여 병이 발현되는 경우는 드물다. 여러 가지 요소들이 복합적으로 작용한다고 보아야 한다. 평소 우리가 받는 물리적 또는 심리적 정서적 자극이나 사건들이 스트레스의 원인이 되고, 이것에 반응하고 대처하는 방식에 따라 우리 인체에 좋고 나쁜 영향을 준다. 즉 부정적 스트레스 반응(화, 짜증, 분노, 억울함, 부정적인 생각 등)이 부모에게서 받은 병에 대한 유전적 성향을 발화시켜 내재되어 있던 병이 드러날 확률이 더 높아진다.

성격도 노력하면 후천적으로 변화시킬 수 있다. 그러나 여기에서의 '변화'란 완전히 바꾸는 것을 뜻하지 않는다. 다른 사람 앞에 나서기를 불편해하고 의견 발표에 어려움을 느끼는 소심한 사람이 하루아침에 남 앞에 나서기 좋아하고 적극적으로 행동하는 기질로 바뀔 수는 없다. 자기 성격의 특성을 알되, 부족한 부분은 스스로 바꿔보려는 의지를 북돋워 주면서 그 속에서 자신감을 늘여가는 정도면 충분하다.

사실 성격은 극복할 무엇이 아니다. 극복이 완전히 없애는 것을 뜻한다면 그것은 거의 불가능하다. 성격은 나를 이루는 특징이며 '나'를 이해하기 위한 시작으로 다가가야 한다. 수많은 학자들이 오랫동안 연구해온 성격 유형과 성격 형성의 원인은 여전히 정확하지 않다. 성격을 말할 때 좋다, 나쁘다는 식으로 획일적으로 구분 짓는 것도 의미가 없다. 완벽한 성격은 이런 것이다, 라고 누구도 규정할 수 없기 때문이다. 다만 내가 가진 타고난 성격을 객관적으로 파악하고, 내가 처한 환경은 어떠한지 판단하여, 성격의 단점을 보완하려는 태도가 더 중요하다. 나의 성격을 알고 타인의 성격을 이해하며 만들어가는 바람직한 인간관계를 통해 우리는 한 인간으로서 더 성숙해지고 행복하고 오래 살 수 있게 되는 것이다.

요즈음 어느새 중년에 이른 아들을 가만히 살펴보니 내 성격과 많이 닮았음을 느낀다. 완벽주의 탓에 흥분을 잘하고 매사 분명해야 직성이 풀린다. 내가 그랬다. 그런 내가 나이가 들면서 몸에 조금씩 이상이 왔다. 혈압이 높아지고 당뇨도 생겼다. 나의 유전적 기질을 물려받은 아들도 어쩌면 내 나이에 이르러 비슷한 병을 앓을시도 모르겠다. 사십대인 아들이 지금이라도 좀 느긋하게 사교성을 발휘하여 여유를 가지고 살아간다면, 수십 년 뒤 내 나이가 되어서는 나보다 더 건강하고, 그리하여 더 좋은 것들을 경험하며 살아가지 않을까 싶다.

2

성격
변화의
열쇠,
호르몬
이야기

●
행복은 호르몬이 결정한다.
늙고 병드는 것, 울고 웃고 화내고 우울해지는
모든 감정들이 모두 호르몬의 영향이다.
내 몸의 행복 호르몬을 활성화하기 위해
할 수 있는 일은 무엇인가
바로 성격의 변화이다.

스트레스 호르몬이
성격을 만든다

'성격은 심리 생리적 체계로 이루어진 개인 내에 존재하며, 개인의 특징적인 행동과 사고를 결정하는 역동적인 체제이다.'

사회심리학자 고든 W. 올포트Gordon Willard Allport의 성격에 대한 정의다. 심리 생리적 체계로 이루어진 어떤 역동적인 체제가 개인의 성격을 만들어낸다. 이것은 우리의 뇌 속에서 벌어지는 일이다.

성격은 스트레스적 상황에 직면했을 때 분명하게 드러난다. 스트레스적 상황을 만나는 순간 뇌에서 일어나는 반응은 사람마다 다르다. 그 대처 방식에 따라 성격 유형이 나뉜다. 먼저 우리의 뇌 속으로 들어가 보기 전에 '스트레스'에 대해 생각해보자.

"아, 스트레스 받아!"

"정말 스트레스 쌓인다, 쌓여~"

스트레스란 말은 우리가 살면서 숱하게 내뱉는 말이다. 너무 흔해서 낡은 느낌이 들 정도다. 점심 메뉴를 고르고 약속 장소를 정하는 따위의 사소한 일부터 직장 상사와의 갈등, 과중한 업무, 시험에 대한 압박, 실업의 고통, 부부간의 의견대립 등 일상에서 우리 몸이 대처해야 하는 자극(고통)을 스트레스라고 말한다. 어원으로 살펴보면, '스트레스Stress'라는 말은 무언가를 팽팽하게 잡아당긴다는 뜻의 라틴어 'Stringere'에서 나왔다고 한다. 웹스터 사전에서 정의한 스트레스는 '적절히 적응하지 못해 발생한 생리적 긴장으로 질병을 유발할 정도의 불편함 또는 물리적, 화학적 또는 감정적 요소들'이다. 조금 어렵다. 나는 이해하기 쉽게 스트레스를 두려움, 불안감, 긴장감 등을 유발하는 물리적, 화학적 또는 심리적 자극이라고 정의한다.

스트레스의 정의는 이렇듯 사회 환경적, 심리적, 생리적 개념들이 복합적으로 연계되어 있다. 할 수 있는 것과 기대감의 차이가 클 때, 또는 우리의 역할에 문제가 생길 때 스트레스를 받는다. 몸의 괴로움, 두려움, 불안감, 긴장 등을 초래하는 외적 내적 자극을 '스트레스원原'이라고 한다. 이때 뇌의 중추신경계에서 스트레스 호르몬이 분비되고, 이 호르몬은 말초기관에 생리반응을 일으킨다. 이와 같이 스트레스로 일어나는 생리반응을 '스트레스 반응'이라 하고, 이 반응으로 생성되고 분비되는 신경전달물질이나 신경호르몬들이 '스트레스 호르몬'이다. 즉 스트레스 호르몬은 스트레스를 유발하는 호르몬이 아니라, 우리 몸이 긴장, 공포, 감염 등 스트레스를 받았을 때 이에 대응하고 방어하기 위해 분비되는 호르몬이다.

보통 우리는 스트레스를 나쁜 것으로 생각하지만 전혀 그렇지 않다. 스트레스는 살아남기 위한 생존의 반응이다. 모든 생명체가 생명을 이어가는 데 반드시 필요한 것이 항상성恒常性이다. 항상성은 외부의 환경 변화에 대응하여 우리 몸의 상태를 항상 일정하게 유지하려는 성질을 말한다. 즉 우리 몸의 균형이 깨졌을 때 그 균형을 회복하려는 성질이다. 스트레스를 받으면 우리 몸은 에너지를 재분배하는 방향으로 적응이 이루어진다. 산소와 영양분을 중추신경계(뇌와 척수)와 스트레스 받는 부위로 보내준다. 결과적으로 심혈관계의 기능이 활성화되고 호흡이 빨라지고 당의 생성과 지방분해가 증가해 스트레스에 대응하기 위한 에너지가 만들어진다. 행동반응은 각성, 경계심, 인식력, 주의력 등이 늘어나는 방향으로, 음식섭취와 생식기능은 억제되는 방향으로 적응이 이루어진다. 이상의 증상이나 행동들은 스트레스 호르몬들에 의한 작용들이다. 스트레스에 의한 위험을 방어하기 위하여 일어나는 일종의 적응 반응으로, 스트레스원이 사라지면 곧 없어진다.

예를 들어 운전대를 잡으면 아무리 능숙한 운전자라도 긴장하게 된다. 사고가 나면 자칫 목숨을 잃을 수 있다는 정서적 불안이 발생한다. 몸이 뻣뻣해지고 맥박이 빨라지고 긴장감이 증가한다. 만약, 스트레스 반응이 없으면 부주의해져 사고가 일어날 수도 있다. 운전석에서 내려오면 몸이 풀리듯이 스트레스 상황도 자연스럽게 사라진다.

이 모든 과정은 우리 몸이 외부 자극에 적합하게 반응하도록 만들어진 것이다. 그리고 그 역할을 담당하는 것이 바로 호르몬이다. 물론 더 좋은 방법이 있다. 스트레스를 받지 않고도 안전하게 운전하는 것이다. 이 책은 그 방법을 찾을 수 있는 단서를 알려줄 것이다.

용기를 주는 아드레날린, 똑똑한 코르티솔, 내 몸의 보디가드 사이토카인

호르몬hormone은 그리스어로 '자극한다', '일깨운다'는 뜻이다. 몸의 신진대사와 생물학적 화학적 균형을 위해 신체를 자극하는 일종의 화학물질로, 생로병사는 물론 희로애락과 같은 정서적 현상에도 깊숙이 관여한다. 늙고 병드는 것, 울고 웃고 화내고 우울해지는 모든 감정들이 모두 호르몬의 영향 때문이다.

호르몬에는 약 80여 종이 있는 것으로 알려진다. 뇌의 시상하부에서 정보를 수집하고 이에 맞는 대응책을 뇌하수체에서 전달하며, 뇌하수체는 갑상선, 부갑상선, 부신 등 내분기관에 호르몬을 만들어 분비하도록 명령한다. 대표적인 스트레스 호르몬은 코르티솔cortisol, 아드레날린adrenaline, 사이토카인cytokine이다. 이것은 신체의 균형을 유지하기 위하여 분비되며 의학용어로 호메오스타시스(homeostasis, 균형 혹은 평형)라고 표현한다. 스트레스 호르몬은 경계 태세에 들어간 우리 몸을 방어하기 위한 것이므로 무조건 나쁘거나 없애야 할 무엇이 아니다. 오히려 스트레스 호르몬을 통해 몸과 마음의 균형감을 잃지 않으려는 것이 중요한데, 문제는 이들 스트레스 호르몬이 너무 많이 분비될 때(스트레스에 예민하거나 스트레스 처리에 불리한 성격 소유자)가 문제다. 주위에는 이럴 경우 바로 긍정 호르몬 분비로 대체해서 균형을 잘 유지하는 성격 유형이 있는데 나는 이런 성격을 가진 이들을 'E형 인간(E는 Eustress(유스트레스, 좋은 스트레스))에서 따옴)'으로 구분했다. 다시 말하면 과분비된 스트레스 호르몬을 '긍정 호르몬'으로 바꿀 수 있는 사람이다. 이 같은 E형 인간으로 거듭나기 위해 필요한 첫 출발점은 스트레스 호르몬에 대한 정확한 이해다.

아드레날린 호르몬은 많이 들어보았을 것이다. 부신수질에서 분비되며, 에피네프린epinephrine이라고도 한다. 우리는 가끔 기적 같은 현실을 보게 된다. 산에서 멧돼지에 쫓겨 도망가다 높은 절벽에서 뛰어내렸는데 찰과상 정도만 입었다거나, 높은 곳에서 떨어지는 아이를 어머니가 받아 살렸다는 이야기 등. 친구 한 명은 학창시절 표를 사지 않고 몰래 기차에 올라탄 일이 있는데 차장이 표를 검사하는 모습을 보고 당황한 나머지 달리는 기차에서 뛰어내렸다. 놀랍게도 친구는 아무런 상처를 입지 않았다. 친구는 간혹 지금도 그때 일을 이야기하면서 정말 기적이었다고 토로한다. 이렇듯 엄청난 힘을 순간적으로 폭발시켜 아무런 상처를 입지 않을 수 있는 이유는 강성 작용을 하는 아드레날린이 분비되기 때문이다. 아드레날린은 위험하거나 공포감이 몰려오는 상황에서 조건반사적으로 분출된다. 즉 외부에서 위험 신호를 감지해 순식간에 우리 몸에 방어 태세를 취하는 것이다.

이 같은 에너지는 긴장되고 결정적인 순간 큰 역할을 한다. 프로야구에서 유독 찬스에 강한 선수가 있다. 평소엔 별 실력이 없지만 찬스 때 대타로 나와 큰 거 한 방 날리는 것이다. 찬스의 순간은 긴장이 극도로 고조된 시간이다. 안타를 치면 팀이 역전에 성공하고, 아웃되면 패한다. 홈런을 치면 영웅이 되고 병살타로 마감하면 역적이 된다. 이 순간 안타를 칠 확률이 높기에 대타로 나서는데, 이런 선수의 경우 순간적으로 아드레날린 분비가 급증해 엄청난 초능력을 갖는 경향이 있을 확률이 높다. 평소엔 아드레날린 분비가 적어 무력하지만, 긴장이 고조된 순간 폭발적인 힘을 발휘한다. 영화에 등장하는 슈퍼맨, 헐크 같은 초능력자는 아드레날린이 콸콸 쏟아지는 이들이다.

그런데 아드레날린은 지속성은 없다. 오래 가지 않는다. 이 또한 몸의 균형을 위한 작용이다. 생각해보라. 몸에서 아드레날린이 계속 나오는 상태라면 몸이 견뎌내지 못할 것이다. 마치 뜨거운 난로가 과열되어 불이 나는 것과 같다. 아드레날린은 야구에서 필요할 때 기용하는 대타 선수처럼 폭발적으로 생겼다 사라지면서, 신체의 균형을 유지한다. 이상적인 인간형인 'E형 인간'은 아드레날린 분비를 균형 있게 유지하는 사람으로도 볼 수 있다.

아드레날린은 스트레스와 같은 외부 자극에 맞서 신체가 제대로 대응하도록 여러 기관으로 많은 혈액을 신속하게 공급한다. 따라서 맥박과 호흡은 빨라진다. 또한 근육을 긴장시키고 정확하고 신속한 상황 판단을 위해 정신을 또렷하게 만들며 감각 기관이 예민해지도록 집중시킨다.

코르티솔도 마찬가지다. 코르티솔은 에너지원인 포도당을 만들어 뇌와 말초기관에 전달될 수 있도록 해준다. 이를 바탕으로 긴장된 상황에서 정확한 판단을 내릴 수 있도록 한다. 예컨대 어두운 밤, 왕래가 뜸한 시골길을 지나는데 갑자기 자동차 시동이 꺼졌다고 해보자. 당황스러운 순간이 닥치면 우리는 바짝 긴장하게 된다. 호랑이에게 잡혀도 정신만 차리면 살 수 있다는 속담이 있는데, 이는 맞는 말이다. 위험한 순간이 닥치면 우리 몸에 아드레날린이 분비돼 근육을 긴장시키면서 정신을 또렷하게 해주기 때문이다. 평소와는 다르게 신속하고 정확한 판단을 하도록 해주는 것이다. 그런데 이런 당황스러운 순간에 직면했을 때, 뭘 어떻게 해야 할지 어쩔 줄 몰라 하는 이들도 있다. 아드레날린 분비가 적절하게 분비되지 않기 때문이다. 이런 경우에도 균형적 조절이 필요하다.

사이토카인은 우리 몸의 면역체계를 통제하고 자극하는 신호물질로 이용되는 호르몬이다. 주로 백혈구에서 분비된다. 외부에서 바이러스나 세균이 침입하면 이를 물리치기 위해 면역세포가 다른 면역세포에게 도와줄 것을 요청하는 SOS 신호를 보낸다. 이 신호가 사이토카인이다. 이렇게 만들어진 면역체계는 외부 침입자(항원)을 기억하게 되고, 훗날 같은 항원이 침입하면 더 빠르게 대응할 수 있게 된다. 사이토카인 호르몬에는 여러 종류가 있는데, 인터페론이 대표적이다. 80년대 초 드라마에서 암 환자인 여주인공이 인터페론 주사를 맞고 기사회생하는 장면이 생각난다. 당시에는 획기적인 신약이었을 것이다. 신제로 한때 호르몬에 대한 과신으로 비타민 영양제처럼 호르몬제를 먹은 사람들에게서 부작용이 나타난 사례도 있었다.

호르몬이 많거나,
부족할 때 몸은 비상이 걸린다

세상 모든 일은 호르몬의 움직임과 같다. 언제나 균형을 유지해야 한다. 많거나 적으면 문제가 된다. 세상에 절대적으로 옳고 절대적으로 그른 것은 없다. 오랜 시간 면역학을 연구하고 호르몬과 씨름하면서 깨달은 사실이다. 좋고 나쁨, 선과 악보다 중요한 것은 균형이다. 이성과 감성, 흑과 백, 빛과 어둠, 남과 여……, 이 세상에는 공존해야 할 것들이 많다. 만약 우리가 이성적이고 과학적인 생각만 가지고 산다면 형식적이고 차가운 세상이 될 것이고, 감성만 존재한다면 아무것도 되는 일이 없을 것이다. 한쪽으로 기울어질 때 균형을 맞추려는 노력이 우리가 할 수 있는 최선最善이다.

스트레스 호르몬도 마찬가지다. 늘 많거나 적을 때 문제가 된다. ▪ **그림1 참고** ▪ 아드레날린은 순간적으로 폭발적인 힘을 발휘하도록 해주지만 동시에 맹독성이 있다. 따라서 지나치게 자주 분비되면 우리 몸 여러 부위가 맹독에 노출되어, 심혈관 계통이 수축하면서 흥분과 긴장에 따른 고혈압 등 각종 질병이 뒤따른다. 부족해도 문제다. 앞에서 예로 들었던 프로야구 선수의 경우 긴장된 상황에서 아드레날린이 분비되지 않으면 상대편 구원투수에게 삼진 아웃을 당한다. 이 같은 상황이 반복되면 무슨 일이 벌어질까. 삶이 우울해지고 나는 해도 안 된다는 절망에 빠진다. 그리고 불안해진다. 자신감을 상실하기 때문이다. 더불어 만성피로증후군에 시달리게 된다. 중요한 시험 전날, 밤새 공부하고 시험장으로 가지만 크게 피곤하지는 않다. 그러고 나서 시험이 끝나면 맥이 탁 풀리면서 온 몸에 피곤함이 몰려온다. 긴장된 순간 피곤함을 느끼지 않도록 해주는 것이 바로 아드레날린을 포함한 스트레스 호르몬이다. 만약 이 순간에 아드레날린이 분비되지 않으면 급격한 피로감으로 시험을 망치게 될 것이다.

코르티솔의 경우 너무 적게 분비되면 피로감, 알레르기, 천식을 유발한다. 앞서 본 것처럼 코르티솔은 혈액을 돌게 하고, 당을 생성해서 에너지를 만들어 준다. 혈액이 돌지 않고 에너지가 만들어지지 않으면 당연히 피로감에 쉽게 노출되고, 면역도 약해진다. 피가 돌아야 백혈구도 돌고, 몸에 침입한 균에 대한 방어도 가능한 탓이다.

아울러 너무 많이 분비될 경우 식욕이 증가하게 되어, 지방 축적을 가져와 비만이 되기 쉽다. 또한 혈압이 올라 고혈압의 위험이 늘어나며, 근조직의 손상도 유발할 수 있다. 불안과 초조 상태가 계속될 수 있고, 체중 증가와 함께 만성피로, 만성두통, 불면증, 우울증 등의 증상을 보일 수도 있다. 또한 면역 기능이 떨어져 감기와 같은 바이러스성 질환에 쉽게 노출될 우려도 있다.

사이토카인의 경우 부족하면 만성피로를 몰고 온다. 앞에서 잠시 언급했지만, 여기에선 다른 맥락으로 한 번 더 설명을 해 보겠다. 즉 이 같은 스트레스 호르몬이 부족하면 '만성피로증후군'이 발생하는 것인데, 이는 흔히 말하는 '만성피로'와는 다르다. 우리가 며칠 밤 휴일도 없이 일을 계속하면 당연히 피로가 누적된다. 눈동자가 충혈되고, 입맛도 별로고, 소화도 잘 안 된다. 이것이 만성피로이다. 이 같은 만성피로는 휴식을 취하면 몸이 정상적으로 돌아온다. 즉, 휴식이 필요하다는 메시지를 전하는 극히 정상적이고, 일시적인 신체 반응이다.

그러나 만성피로증후군은 일을 하지 않아도 늘 피곤한 상태에 머물러 있다. 스트레스 호르몬이 분비되지 않아 몸에 활력이 생기지 않기 때문이다. 즉 적정한 스트레스 호르몬은 몸의 활력을 불어 넣는 역할을 하지만, 부족하면 스트레스 상황에서도 몸이 늘 축 처져 있게 된다. 아무 것도 하지 않았음에도 불구하고 무척 피곤한 것이다. 반면 너무 많이 생성될 경우에도 문제가 된다. 염증과 통증을 일으킨다.

사이토카인은 백혈구가 바이러스를 잡아먹는 과정에서 응원 사격을 하는 호르몬이다. 그런데 지나치게 생성되면 몸의 세포에 불필요한 열을 증가시켜 염증이 일어나 결국 정상세포마

	과잉	부족
코르티솔	혈당 증가, 인슐린 저항성 증가, 면역력 저하, 우울증 유발	만성피로, 전신통증
아드레날린	심혈관계 수축, 흥분, 긴장	우울감, 불안증, 만성피로
사이토카인	염증과 통증 유발, 발열	만성피로

저 손상을 입게 된다. 수년 전 온 나라를 떠들썩하게 한 메르스(mers, 중동호흡기증후군) 사태 때 감염자 중 비교적 건강하고 젊은 사람들의 상태가 급격히 악화된 적이 있는데, 의사들 사이에서 조심스럽게 '사이토카인 스톰strom'이 원인이 아닐까 추정하기도 했다. 말 그대로 사이토카인이 과다 분비되어 생긴 면역과잉의 부작용이다. 이렇듯 스트레스 호르몬이 균형점을 벗어났을 때 몸의 균형은 무너지고 만다.

마음의 초콜릿 도파민
히말라야를 오르게 하는 엔도르핀

스트레스에 대응하는 호르몬과는 다르게 쾌락과 행복감에 관련된 감정을 느끼게 해주는 호르몬이 있다. 뇌의 측두엽 중에서 즐거움에 관련된 쾌락 중추 부분에 작용해 분비되는 이른바 '행복 호르몬'이다. 도파민dopamine, 엔도르핀endorphin, 세로토닌serotonin, 옥시토신oxytocin 이 대표적이다.

이러한 긍정 호르몬은 보통 많이 분비될수록 좋다고 생각하기 쉽다. 스트레스 호르몬은 적게, 긍정 호르몬은 많이, 이것을 정답처럼 알고 있다. 긍정 호르몬 분비가 많을수록 행복감, 기분 좋음, 편안함, 정서적 안정이 더 늘어날 것으로 인식되기도 한다. 그러나 전혀 그렇지 않다. 도파민, 엔도르핀, 세로토닌, 옥시토신과 같은 긍정 호르몬 역시 균형 있게 분비되어야 한다. 적어도 문제가 생기고, 과잉도 여러 부작용이 생긴다.

도파민은 신경말단에서 분비된다. 뇌에서 만들어지는 신경호르몬 절반 정도가 도파민과 관련될 정도로 매우 중요한 호르몬이다. 혈압과 운동 기능을 조절하며 호기심과 주의력, 성취감에 관여한다. 어떤 일을 하고 싶은 욕구는 도파민의 영향이다. 무엇보다 즐거움, 쾌감, 행복을 느끼게 해주는 호르몬으로 잘 알려져 있다. 술, 담배, 마약, 본드 심지어 초콜릿 등이 기분을 좋게 하는 이유 역시 신경세포의 도파민 분비와 연관되어 있다. 도파민이 전혀 분비되지 않는다면, 인간에게 사랑이란 감정이 생기지 않는다. 이런 점에서 도파민은 '사랑의 호르몬'이라고 부르기도 한다. 뇌에 주어진 신의 특별한 선물이고, 인간만이 유일하게 갖고 있다.

그러나 다른 면에서 보면 도파민은 일종의 각성제다. 적당히 분비될 경우 사랑의 묘약이 되지만 스트레스 호르몬과 마찬가지로 지나치거나 부족할 경우 문제가 발생한다. 먼저 과다분비될 경우 지나치게 활동적이거나 모험적인 성향을 보이게 된다. 또 늘 흥분하고 들떠 있는 상태에 빠진다. 도파민은 과잉 분비를 제어하는 억제 작용이 없다. 즉 말려줄 사람이 없는 것이다.

영화 〈동막골〉에서 배우 강혜정이 연기한 광녀狂女는 마을에서 하나 뿐인 '미친 여자'다. 광녀는 머리에 꽃을 꽂은 채 늘 웃으면서 산과 들을 쏘다닌다. 천진난만함이 지나쳐 정신 균형이 무너진 상태이다. 즉 도파민이 과도하게 분비되는 한편 그것을 억제할 수 없는 상태라고 볼 수 있다. 의학적으로는 환각과 망상 탓에 꿈과 현실을 구분하지 못하지만, 정작 본인은 무척 행복한 상태이기도 하다. 이것이 도파민이 갖고 있는 양면성이다.

도파민이 부족하면, 우선 우울감이 증가한다. 직접적인 스트레스 때문이 아니라 도파민 분비가 잘 되지 않으면 자동적으로 우울해지는 것이다. 남들은 행복해하는 상황에서 본인은 아무런 기쁨을 느낄 수 없다면 도파민 부족을 의심해봐야 한다.

도파민 부족으로 생기는 파킨슨병의 특징은 몸과 마음(감정)의 근육이 딱딱해지는 것이다. 근육과 연관된 운동 기능이 떨어지므로 얼굴에 표정이 없고 행동이 느려지며 감정 조절이 되지 않는다. 파킨슨을 앓는 부모와 자녀 간의 갈등은 참으로 안타깝다. 자녀는 예민해지고 확 달라진 부모의 성격을 받아들이기가 힘들겠지만, 병의 증세는 환자 스스로 제어할 수 없다. 뇌 속에서 벌어지는 일이라고 생각하면 조금 더 수월하게 부모의 병을 받아들일 수 있지 않을까 싶다.

또 한 가지, 도파민의 특징은 중독성이다. 도파민은 행복감과 만족감, 성취감을 느낄 때 분비되는데 늘, 자주 분비될 수는 없다. 인생을 살다 보면 온갖 일이 일어난다. 좋은 일, 행복한 일만 일어나지 않는다. 힘들고 어려운 상황이 계속되면 우리는 지속적으로 스트레스 상황에 놓이게 되고, 우리 몸은 도파민을 대신할 무엇을 찾게 되는데 그것이 바로 담배, 술, 도박, 게임 등이다. 이런 여흥들은 도파민을 분비하여 즐거움과 안정감을 느끼게 해주지만 자꾸 또 하고 싶은 생각을 일으켜 중독에 빠트린다. 담배, 술, 마약 등을 끊기 어려운 것도 이 때문이다. 최악의 경우 조울증, 정신분열증을 일으키기도 한다.

도파민이 사랑을 느끼게 해주는 묘약이라면 엔도르핀은 고통을 감소시키는 일을 한다. 스트레스 호르몬 분비에 따른 통증 불안 등을 경감시켜 즐거움과 진통 효과를 준다. 한마디로 고통을 잊기 위한 일종의 '마약'과 같은 역할을 한다. 엔도르핀 endorphin이란 말도 '내인성 모르핀(Endogenous Morphins)'을 줄인 말이다. 고통을 이겨내고 앞으로 나아갈 수 있도록 해주는 호르몬이 바로 엔도르핀이다.

마라토너와 등반가들이 심장이 터질 듯한 고통을 무릅쓰고 계속 뛰고 도전하는 이유도 엔도르핀 덕분이다. 언젠가 등반가 엄홍길 대장이 히말라야를 왜 자꾸 올라가느냐는 물음에 "정상에 올라 내가 걸어온 길을 내려다볼 때 느끼는 감동 때문이다"라고 답했다. 엄홍길 대장의 히말라야 등정의 숨은 공로자는 엔도르핀이다.

엔도르핀의 효과를 느낄 수 있는 대표적인 예가 '출산'이다. 출산은 여성들이 겪는 가장 큰 고통이다. 진통이 시작되면 엔도르핀도 분비되는데, 엔도르핀은 감각신경에 영향을 줘 고통이 척수로 전달되는 걸 막아 결과적으로 통증을 줄여준다. 갓 태어난 아기를 바라보는 산모가 활짝 웃는 것도 엔도르핀의 영향이다. 고통이 줄어든 만큼 행복감을 느끼기 때문이다.

다른 호르몬과 마찬가지로 엔도르핀의 작용도 우리 몸의 균형에 작용한다. 앞에서 바이러스가 침입하여 사이토카인이 분비되면 그 반작용으로 발열과 통증이 발생한다고 했다. 이때 발생되는 열과 통증을 경감시키기 위해 엔도르핀이 분비된다. 감기몸살에 걸려 한숨 푹 자고 일어나면 몸에서 묘한 행복감을 느끼게 되는 경우가 있다. 감기바이러스를 퇴치하는 과정에서 분비된 엔도르핀 때문이다.

엔도르핀 역시 지나치면 문제가 된다. 엔도르핀은 스트레스를 받을 때는 증가하고 즐거울 때는 억제된다. 심한 스트레스로 엔도르핀이 너무 많이 나올 경우 면역기능을 담당하는 임파구의 기능이 떨어지게 되고, 이에 따라 감염이나 암 발생이 증가할 수도 있다. 중독에 빠질 수도 있고, 자폐증도 발생 가능성이 있다. 부족한 경우도 마찬가지다. 통증이 심한데 엔도르핀이 분비가 안 되면 괴로울 수밖에 없다. 고통이 지속되는 삶은 당연히 무력감과 좌절감을 몰고 온다.

생명의 호르몬 세로토닌,
인간관계의 윤활유 옥시토신

세로토닌은 수면과 밀접한 관계를 맺으며, 기억력과 식욕을 조절히고 우리 몸에 활력을 불어넣는 생명의 호르몬이다. 세로토닌은 다른 호르몬과 비교해 상대적으로 뇌의 넓은 부분에 걸쳐 분포하며 여러 호르몬이 균형을 이루도록 조절하는 중심 역할을 한다. 가령 도파민과 아드레날린이 과다 분비되어 지나치게 경쟁심이 일어나고 폭력적이고 충동적인 기분이 되면 세로토닌이 이를 조절한다. 마치 마부의 고삐처럼 밀고 당기면서, 감정이 극단에 치우지지 않도록 하여 늘 마음을 편안하고 안정되게 유지한다.

엔도르핀과 달리 스트레스 자극이 심해지면 세로토닌은 감소하는 경향이 있다. 우울 상태가 깊어져 자극이나 통증에 민감해진다. 세로토닌이 부족한 사람은 쉽게 공격적 성향을 보이거나 분노하기 쉽다. 우울증에 걸릴 확률이 높고 심하면 자살을 시도하고 극단적으로는 살인을 저지르기도 한다. 최근 연구에 따르면, 왕성한 식욕으로 들판을 초토화시키는 메뚜기 떼의 공격성과 연쇄살인범의 잔혹함이 세로토닌계의 장애로 인한 것으로 밝혀지기도 했다.

세로토닌의 감정 조절은 세상을 바라보는 시각에도 큰 영향을 미친다. 컵의 물을 보며 '물이 반 밖에 없다'는 부정적인 시각과 '물이 반이나 채워졌다'고 생각하는 긍정적인 시각 차이를 만드는 것이다. 긍정적인 시각을 갖는 이들이 마음의 상처를 빨리 회복하고 잘 극복하는 것은 당연한 사실이다.

성장기에는 세로토닌을 포함한 호르몬 조절 기능이 미숙할 수밖에 없다. 음식, 운동, 수면, 정서적인 면에서 바른 양육 환경을 만들어줘야 세로토닌 기능이 발달하는데, 이 시기를 불안정하게 보내면 성장한 뒤에도 호르몬 기능이 균형을 이루지 못할 가능성이 높다. 폭력적인 부모 밑에서 자란 아이들이 훗날 같은 폭력성을 보이는 것도 이와 관련이 있다. 세로토닌이 역할을 못해 스트레스 호르몬이 과다 분비되는 것을 방치하기 때문이다.

옥시토신은 뇌하수체 후엽에서 분비되어 산모가 아이를 낳을 때 자궁수축을 촉진하고 진통을 줄여주는 역할을 한다. 그리스어로 '빠른(okys) + 출산(tokos)'에서 유래한다. 흔히 '모성 호르몬'이라고도 부르는데 산모가 아기를 낳고 젖을 먹이고 키우는 동안 분비된다. 아기에 대한 무조건적인 사랑과 믿음은 바로 옥시토신에서 기인하며, 모성을 넘어 다른 사람과의 관계 형성에도 작용한다. 2005년 미국 클레어몬트대학의 폴 자크Paul Zak 교수팀이 누군가 자신을 믿어주는 사람이 있으면 그 사람의 혈

■ 그림 2 ■ 긍정 호르몬의 종류와 작용

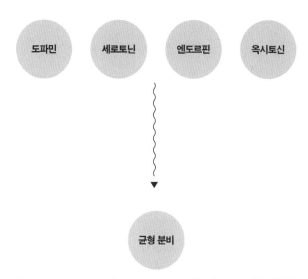

적당하게 분비되면 즐거움, 만족감, 행복감, 성취감, 쾌감을 느끼게 해준다

많이 나오거나 적게 나오는 경우 중독증, 인격장애, 섭식장애,
우울증, 불안장애 등을 유발한다

중 옥시토신 농도가 증가한다는 사실을 밝혀내면서, 옥시토신은 대인공포증을 치유하는 데 사용되고 있다. 옥시토신 분비가 늘어나면 낯선 사람과도 거리낌 없이 잘 어울리는데 사람에 대한 신뢰감이 높아지기 때문이다. 그러나 옥시토신 과다 분비 시에는 스트레스나 두려움, 불안감에 대한 감수성이 증가되어 나쁜 기억을 떠올리거나 앞날에 대한 불안감에 젖는다.

한편 2015년 5월 영국 버밍엄대 연구팀은 '옥시토신은 사람의 몸에서 알코올과 비슷하게 작용한다'는 사실을 밝혀냈다. 알코올(술)은 친화력을 높이기도 하고 걱정을 줄여주기도 하지만, 어느 경우엔 감정이 격해지고 판단이 흐려지게 만들기도 한다. 옥시토신 역시 알코올과 비슷한 작용을 한다. 또 알코올에 대한 반응이 사람마다 제각각 다른 것처럼 옥시토신의 작용이 모든 사람에게 똑같이 일어날 수 없음을 뜻한다.

호르몬의 다양한 역할이 밝혀지면서 의학계에서는 호르몬을 치료제로 이용하고 있다. 대표적인 예가 항우울제이다. 호르몬으로 사람의 마음을 치료하는 시대에 우리는 살고 있는 것이다. 그러나 약으로서 접근하기 이전에, 내 마음에 일어나는 일들을 살펴보고 이해하고 자연스럽게 호르몬을 조율할 수 있는 방법이 있다. 불안정한 마음과 성격의 원인을 우선 호르몬의 영향으로 이해하고 접근하고 노력하는 것이야말로 과학적인 태도이다.

우리 사회는 갈수록 각박해지고 있다. 스스로를 방어하고 상처받지 않으려고 몸을 사리느라, 개인 간의 교류는 줄어들고 형식적인 관계는 늘어간다. 세대 간, 개인 간, 성별 간에 갈등이 늘고 서로에 대해 공감하지 못한다. 각자도생이니, 혼밥이니 하는 신조어가 생길 만큼 혼자 견디는 삶이 자연스럽게 받아들여진다. 그럴수록 타인에 대한 이해와 공감은 줄고 사회는 더욱 메마르게 변해간다. 이는 우리 사회 전체에 긍정 호르몬(도파민, 엔도르핀, 세로토닌, 옥시토신)의 총량이 줄어들고 있다는 반증이기도 하다.

3

스트레스를 담는 그릇에 구멍을 내라

●

왜 인생의 롤러코스터는
공원의 놀이기구처럼 재미있게 탈 수 없는가.
올라가면 내려오고 내려오면 올라가고
차오르면 비우고 비워지면 채우듯
흐름에 몸을 맡겨라.

스트레스는 단순히
기분만의 문제가 아니다

스트레스에 대한 반응이 지속되어 한계치를 넘어서면 우리 몸 여기저기에서 증상이 나타난다. 성서적으로는 긴장과 불안, 우울증 등이 일어나고 기억력, 주의력, 집중력 등의 인지장애가 생긴다. 통증이나 소화 장애는 물론 과식, 음주 등의 행동도 보이고 신경질적 반응, 불면증, 적개심 등의 양상도 나타난다.

이러한 극심한 스트레스 상황에 놓였을 때 우리 몸과 마음이 어떻게 방어하느냐가 중요하다. 이를 '자기방어 기전(self defense mechanism)'이라고 한다. 이러한 방어 기전에는 현실 회피, 화를 내거나 파괴적인 행동하기, 환경(타인, 사회) 탓하기, 다른 사람에게 화풀이하기, 핑계 대기, 모른척하고 억누르기, 퇴행하기(어린애처럼 행동하기) 등이 있다. 이런 방어 기전은 스스로를 보호하기 위한 본능적인 선택이므로 사실 좋고 나쁨을 가릴 수 없다. 그러나 이런 부정적인 방어 기전이 반복되면 더 큰 문제를 발생시킨다.

한 가지 예를 들어보자. 만약 내가 하는 일이 실패해서 큰 손해를 봤다면 나는 엄청난 스트레스 상황에 놓이게 된다. 화가 나고 불안해지고 잠을 못 자고 음식을 먹을 수가 없게 되는 지경에 이르기도 한다. 시간이 좀 지나면 어떤 이들은 분노에 시달리거나 혹은 무기력에 빠져 바깥에도 나가지 않은 채 폐인처럼 지내고, 어떤 이들은 술로 달래거나 도박을 하기도 한다. 실패로 인한 스트레스와 채울 수 없는 욕구를 각자의 방식으로 풀어가는 것이다. 이런 부정적인 자기방어는 몸의 질환들을 더 심하게 하고, 더 많은 스트레스 반응을 유발하여 소위 고혈압, 당뇨, 위궤양 등 생활습관병(스트레스성 질환)으로 이어진다.

사람들의 삶을 찬찬히 살펴보면 인생의 크고 작은 위기(스트레스)를 어떻게 넘기느냐에 따라 달라짐을 알 수 있다. 가난이 누군가에게는 삶의 장애물이 되지만, 또 누군가에게는 새로운 꿈을 일구어가는 계기가 된다. 사고로 인한 상처가 누군가에게는 좌절과 원망을 주지만 누군가에게는 세상과 삶을 다시 보게 만들기도 한다. 살아있는 한 우리는 스트레스를 받게 되어 있다. 스트레스를 얼마나 받고 살고 있으며 이를 어떻게 대처하느냐, 즉 '건강한 자기방어 기전'을 정립했느냐, 못 했느냐에 따라서 우리의 운명, 즉 건강, 행복, 성공이 좌우된다고 할 수 있다. 건강하고 성숙한 방어 기전은 무엇인가. 스트레스 상황을 정면으로 맞서 스스로를 설득하고 이해하고 노력하고 자제하는 것이다. 스트레스는 단순히 기분상에서 끝나는 문제가 아니다. 우리 몸과 마음의 건강에 직접적 영향을 주는 것임을 인식하고, 보다 성숙하게 맞이하도록 해야 한다.

문제는 물이 아니라
그릇이다

하버드대 생리학자 로버트 여키스Robert Yerkes와 존 닷슨John Dodson교수는 어느 성노까지는 스트레스와 불안이 증가할수록 수행능력과 효율성이 증가한다고 분석했다. 스트레스 자극이 어느 선까지는 삶의 활력에 도움이 되는 것이다. 물론 어느 선을 넘어서면 오히려 감소하기 시작한다고 분석했다. 결국 스트레스가 지나치게 높을 때도 문제이고, 반대로 너무 낮아도 문제이다.

즉 중간 정도일 때 최고의 상태를 유지한다. 여기서 중간 정도는 스트레스 자극과 그것을 해소하는 과정이 균형을 이루는 지점이다. 실제 이것은 인간의 자살률에서도 나타난다. 우리나라처럼 스트레스가 높은 나라와 함께 북유럽처럼 스트레스가 낮은 나라에서 자살률이 높다. 스트레스 자극이 지나치게 낮으면 권태와 무기력감을 느끼게 되고 삶의 의욕 저하와 우울증으로 극단적인 자살을 떠올리게 된다. 아울러 술과 담배, 과도한 섹스와 같은 것을 통해 스트레스를 해소하는 사람들도 있다. 이것 역시 버럭 화를 내는 것과 마찬가지로 말초적 쾌락을 이용해 잠시 스트레스에서 도피하는 것으로 또 다른 중독을 몰고 올 확률이 높다.

세상 모든 이치가 그렇듯이 문제는 너무 많을 때다. 스트레스 호르몬도 마찬가지다. 어느 정도의 스트레스 호르몬은 몸에 이상을 일으키지 않으면서 긍정적인 역할을 한다. 그런데 과잉이 되면 문제가 생긴다.

그래서 누군가는 스트레스를 없애야 한다고 말한다. 스트레스적 상황을 만들지 말라는 것이다. 그러나 만약 직장에서 받는 스트레스 때문에 일을 그만둔다면 과연 최선이라 할 수 있을까. 같은 직장에서 똑같은 업무를 하는 경우에도 스트레스를 받는 사람과 덜 받는 사람이 있다. 스트레스에 대해 반응하는 민감도가 다른 결과이다. (스트레스에 덜 민감하게 반응하는 유형이 바로 'E형 인간'이다.)

예를 들어 1리터의 물을 담을 수 있는 그릇을 생각해보자. 만약 이 그릇에 2리터의 물을 부으면 넘쳐버린다. 우리가 그동안 써온 스트레스 대처법은 그릇은 그대로 두고 물을 줄이자는 것이었다. 스트레스를 줄이는 것이다. 극단적으로, 직장이 나에게 너무 큰 스트레스라면 직장을 그만두라는 식이었다. 물론 이 방법이 나쁜 것은 아니다. 스트레스를 피할 수 있으면 피해야 한다. 그러나 현대인에게는 쉬운 일이 아니다. 현대사회에서 경쟁은 남보다 잘난 사람이 되기 위한 것을 넘어 '생존'의 문제다. 스트레스를 피하기 위해 생존을 포기할 수는 없다. 스트레스를 피한다고 직장을 그만둔다면, 실업자가 되어 경제적 어려움을 겪을 테고 이래저래 더 큰 스트레스를 받게 될지도 모른다.

결국 현명한 방법은 그릇을 키우는 것이다. 4리터짜리 그릇으로 바꾸면 2리터의 물을 붓고도 공간이 넉넉하다. 스트레스를 담아내고 소화하는 그릇을 변화시키는 것이다. 스트레스는 긍정과 부정, 좋고 나쁨의 문제가 아니다. 비가 너무 오면 홍수로 큰 피해가 나지만, 적당히 내려주면 만물을 소생시키고 생동하게 하는 것처럼, 스트레스도 인간에게 없어서는 안 될 귀한 존재다. 스트레스와 스트레스 호르몬에 대한 부정적 인식은 스트레스 상황을 벗어나는 데 큰 도움이 되지 않는다.

여기서 나아가 스트레스를 담을 수 있는 더 큰 그릇을 준비하는 것보다 더 훌륭한 방법이 있다. 그릇 바닥에 구멍을 뚫고 구멍을 내는 것이다. 만일 스트레스가 넘칠 것 같으면 그 구멍을 열어 스트레스가 자연스럽게 밑으로 흘러나가 넘치지 않게 한다. 조선시대 거상 임상옥이 가지고 있던 잔은 바닥에 구멍이 뚫려 있어서, 물이나 술이 잔의 7할 이상 채워지면 자동으로 물이 구멍 밖으로 빠져나가도록 되어 있다. '넘침을 경계하는 잔'이라는 뜻의 '계영배戒盈杯'는 욕심을 경계하라는 것을 보여준다. 임상옥은 늘 이 잔을 옆에 두고 스스로를 가다듬었다고 한다. 스트레스를 담아내는 그릇에 구멍을 뚫는 것은 계영배의 원리와 비슷하다. 스트레스가 넘치지 않도록 해주는 구멍(돌파구)

을 마련함으로써 스트레스를 넉넉하게 받아들이는 것이다. 그럼으로써 스트레스가 닥치더라도 몸과 마음의 균형을 잃지 않고 유지할 수 있게 된다.

사실 이 방법은 대단한 능력을 키우는 것이라기보다 몸이 원래 갖고 있는 호메오스타시스(homeostasis 균형 혹은 평형)를 활용하는 것이다. 스트레스 호르몬의 원래 목적인 삶의 활력과 균형감을 유지하는 데 쓰이도록 하는 셈이다. 그렇다면 그릇에 구멍을 어떻게 낼까. 그릇에 구멍을 내는 방법이 바로 성격의 변화이다. 스트레스에 민감하게 반응하는 성격을 바꾸는 것이다. 사실 스트레스는 누구에게나 똑같다. 그러나 1kg의 사과궤짝의 무게가 사람마다 다르게 느껴지는 것처럼 스트레스의 민감도는 성격에 따라 다르다. 스트레스를 담을 수 있는 그릇이 작다는 의미는 개인의 성격이 스트레스에 적응하지 못한다는 뜻이기도 하다.

스트레스가 빠져나가는 구멍을 만드는 일은 성격을 변화시켜 스트레스를 덜 느끼게 하는 원리이다. 영화 〈동막골〉의 광녀는 스트레스에 전혀 반응하지 않은 경우이다. 그녀는 남과 북의 군인이 서로 총구를 겨누는 긴장된 상황에서도 천진난만하게 웃는다. 물론 이것은 극단적인 예이다. 이랬다가는 사회생활과 인간관계 모두 엉망이 된다.

직장상사 때문에 힘들어하는 후배가 있었다. 상사는 후배를 콕 집어 못살게 했다. 상사에게 받는 스트레스는 분노로 이어졌고 밤에 잠을 설칠 정도였다. 결국 상사 때문에 직장을 그만둘 지경에 이르렀다. 그런데 어느 날 문득 이런 생각이 들더란다. '어디에든 나를 마음에 들지 않는 사람이 있고, 어디에든 내 마음에 들지 않는 사람이 있다. 어쩌면 이 회사에서 상사는 나의 성장을 위해 존재하는 것일지도 모른다.' 그 뒤 상사가 잘못을 지적하면 무엇을 잘못했는지 살폈고, 상사의 일하는 방식, 직원을 대하는 방식 등에 어떤 문제가 있는지 살펴서 반면교사로 삼았다. 스트레스 자극이 없어진 것은 아니지만 순간적으로 스트레스가 높아지는 순간마다 그는 이런 생각을 하며 마음을 다잡았다. 신기하게도 생각을 바꾸자 마음의 여유가 생기면서 편안해지더란다. 생각이 바뀌는 순간, 그의 몸에서는 긍정 호르몬인 '엔도르핀'이 나왔기 때문이다. 즉 생각의 변화가 생리적 반응을 이끌어내 과도한 스트레스 반응을 막아 마음의 동요를 가라앉힌 것이다. 이처럼 스트레스에 몸과 마음을 맡기지 않고 변화하려는 것이 'E형 인간'의 한 특징이다.

스트레스를 만나면
나는 어떻게 반응하는가

스트레스 자극에 몸의 균형이 무너지지 않도록 하는 방법이 '성격의 작은 변화'라면, 먼저 어떤 성격이 문제인지, 그리고 내 성격은 어떤지 알아야 한다. 스트레스 자극에 나는 어떤 반응을 보이는지 알아야 내 성격과 스트레스의 연관을 파악해볼 수 있다.

■ 그림 3 ■ 스트레스의 반응 유형 4가지

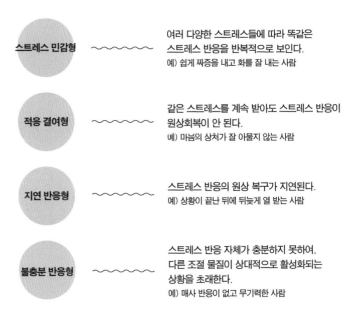

스트레스 민감형 ～～～～ 여러 다양한 스트레스들에 따라 똑같은 스트레스 반응을 반복적으로 보인다.
예) 쉽게 짜증을 내고 화를 잘 내는 사람

적응 결여형 ～～～～ 같은 스트레스를 계속 받아도 스트레스 반응이 원상회복이 안 된다.
예) 마음의 상처가 잘 아물지 않는 사람

지연 반응형 ～～～～ 스트레스 반응의 원상 복구가 지연된다.
예) 상황이 끝난 뒤에 뒤늦게 열 받는 사람

불충분 반응형 ～～～～ 스트레스 반응 자체가 충분하지 못하여, 다른 조절 물질이 상대적으로 활성화되는 상황을 초래한다.
예) 매사 반응이 없고 무기력한 사람

뉴욕 록펠러 대학교 신경내분비과 교수 부르스 맥웬Bruce S. McEwen은 1998년 《뉴잉글랜드 의학저널New England Jounal of Medicine》을 통해 '알로스타시스allostasis'란 개념을 소개했다. 우리 인체가 스트레스를 받을 때 내부 안정을 유지하기 위한 생리적 변화가 발생하는데, 이러한 인체의 변화가 축적되면 부하가 걸려 병을 일으킨다는 것이 알로스타시스 부하설이다. 알로스타시스 반응은 스트레스 반응과 같은 뜻이며, 즉 몸의 경고 신호이다.

스트레스 민감형 : 행복보다 불행을 선택하는 사람

어떤 일에 쉽게 짜증을 내고 화를 잘 내는 사람들이 있다. 이들은 방어 기전이 너무 쉽게 작동하는 사람들로 스트레스에 매우 민감하다. 본능적으로 반응하는 것이다. 예민한 성격도 스트레스 민감형에 든다. 잠자리가 바뀌면 잠을 못 자거나, 시계 바늘이 똑딱거리는 소리에도 잠을 못 자기도 한다. 집 안 청소를 하는 순서부터 칫솔질 하는 방법까지 자기만의 삶의 규칙을 세우고 생활하기도 한다. 그리고 규칙이 조금이라도 어긋나면 매우 심한 스트레스를 받는다. 이처럼 예민한 성격은 스트레스 반응이 자주 유도됨으로써 스트레스 호르몬이 계속 높게 유지되어, 혈압이 자주 반복적으로 오르내린다. 결과적으로 혈관 내벽에 손상이 가 동맥경화를 일으키기도 한다. 심적 스트레스는 숙면하지 못하게 하여 예민함을 부추기기도 한다.

예민한 성격이 무조건 나쁜 것은 아니다. 이들은 집중력이 높고 섬세하므로 직장에서 높은 업무 능력을 발휘한다. 어떤 변화에 대해 세밀하게 감지할 수 있기 때문에 뛰어난 감각과 풍부한 감성, 그리고 뚜렷한 표현력 등을 갖고 있다. 그림을 그리거나 작곡을 하는 등 창작 활동을 할 때 예민함이 재능을 발휘할 가능성도 높다. 또 시간 개념이 철저하고 꼼꼼해 직장에서 업무 평가도 좋다.

성격이 예민하면 불필요한 고민에 빠지기 쉽다. 시험 전날 불안해서 잠을 못 자기도 한다. 사실 불안한 마음이 다음날 시험을 더 잘 보게 하는 것도 아니다. 오히려 스트레스에 민감하게 반응해 밤을 새워 다음날 시험에 나쁜 영향을 끼칠 확률이 더 높다. 어떤 이들은 흉악범죄가 보도가 되면 '나에게도 같은 일이 벌어질 수 있다'는 생각 때문에 걱정하며 몸을 사린다. 같은 상황이라도 더 심각하게 받아들이거나 개연성 없는 예민함은 몸에 무리를 주고 불안과 불쾌함, 의심 같은 연쇄적 감정에 빠지게 한다. 즉 극단적으로 말하면, 예민한 사람은 '행복'보다 '불행'을 택한다고 볼 수 있다.

예민함은 주위 사람들과의 관계를 어색하게 하여 스트레스를 추가적으로 몰고 온다. 때로는 상대의 말 한마디, 행동 하나에 과민한 반응으로 인간관계를 불편하게 만듦으로써 또 다른 스트레스를 유발하는 것이다. 예민한 데다 성격까지 급하면 주위에 둔감한 사람이나, 약속을 잘 지키지 않는 사람, 일처리가 느린 사람과의 관계는 더 힘들어진다. 보통 직장에서는 예민한 성격의 사람들이 일은 잘하지만, 대인 관계가 매끄럽지 않아 문제를 일으키기도 한다.

민감한 성격을 바꾸는 것은 쉽지 않다. 다만 민감한 성격이 가진 긍정성에 보다 주목하는 노력이 필요하다. 예민함을 신경질적이고 날카롭다는 단점으로 인식하기보다 창조적이고 섬세한 능력을 뜻한다는 장점으로 스스로 인식하는 것이다. 그러면 예민한 성격이 오히려 장점이 돼 전화위복의 계기를 마련하는 변곡점을 만들 수도 있다. 그래야 타인의 비판, 부정적 평가에도 덜 민감하게 반응하게 된다. 'E형 인간 닮기'는 이 같은 변화를 꾀하는 것이다.

적응 결여형 : 많은 사람 앞에 설 때마다 떨리는 사람

두 번째는 적응 결여형이다. 스트레스가 습관화되지 않는 사람이다. 같은 스트레스가 반복되면 보통 습관화가 일어나 스트레스 반응이 곧 원래대로 회복된다. 그런데 이 습관화가 잘 안 되는 경우가 있다. 예를 들어 대중 앞에서 연설할 때 대부분의 사람들은 몇 번 하면 곧 익숙해지는데 어떤 사람들은 여러 번 반복해도 습관화가 되지 않는다. 연설할 때마다 긴장하고 목소리를 떠는 등 스트레스 반응이 높게 나오는 것이다.

대표적인 것이 흰색 가운(white coat) 고혈압이다. 전체 고혈압의 20~30%가 이 같은 고혈압인 것으로 보고된다. 집에서 혈압을 잴 때에는 정상 수치이고 건강하며 뚜렷한 질병도 없는데, 병원에 가서 혈압을 측정하면 수치가 높게 나온다.

이것이 바로 흰색 가운 고혈압이다. '흰색 가운'이란 의료진이 입는 옷을 뜻한다. 하얀 가운을 보면 반사적으로 혈압이 상승하는 것이다. 병원에서 의사나 간호사가 측정하면 언제나 혈압이 높게 나오기에 고혈압으로 진단을 받는다. 즉 혈압을 재는 순간 받는 스트레스에 익숙해지지 않아 언제나 높은 혈압으로 측정되는 것이다. 과연 이들은 고혈압 환자인가? 의료계에선 이들을 정상혈압으로 분류해 치료를 할 필요가 없다는 주장과 고혈압의 변형으로 보고 치료를 해야 한다는 주장이 맞서고 있다. 치료를 받아야 한다고 주장하는 쪽은, 이들이 정상인보다는 잠재적으로 고혈압으로 갈 확률이 높기 때문이다. 흰색 가운 고혈압으로 판명된 사람들은 일상에서도 스트레스를 받거나 다툼이나 긴장할 일이 생기면 혈압이 오를 확률이 높고, 이때마다 혈관 손상이 일어나기 때문이다. 당장은 약 처방을 받을 만큼은 아니지만 평소 생활 습관을 살펴 혈압이 오르지 않도록 관리하라는 것이다.

PTSD(외상 후 스트레스장애)도 같은 맥락으로 이해할 수 있다. 정신 트라우마trauma란 정신적 외상, 정신적 충격을 뜻한다. 하나의 이미지가 머릿속에 각인돼 지워지지 않고, 같은 상황이 일어나면 두려움에 떨거나 분노하는 등의 동일한 반응을 보이는 것이다. 교통사고를 크게 당한 사람들은 다시 차에 타는 것을 두려워한다. 차에 오르는 순간 사고 당시 상황이 떠올라 맥박이 뛰고 긴장 상태에 빠지면서 공포에 휩싸인다. 비행기 사고를 경험한 이들 역시 스트레스 장애를 입는 경우가 많다. 사실 트라우마도 대부분 어느 정도 시간이 지나면 자연스럽게 사라진다. 그런데 이와 달리 사라지는 속도가 더디거나, 계속 머릿속에 남아 같은 자극에 스트레스 반응을 일으키기도 한다.

지인 중에 직장 상사 얼굴만 보면 조건반사적으로 분노가 치민다는 이가 있다. 특정 단어만 들어도 피가 솟구치는 느낌이 들고 혈압이 올라간다고 말하는 사람도 있다. 이를 정치적으로 이용하기도 한다. 예컨대 한국전쟁을 겪은 노년 세대는 '북한', '빨갱이'란 말만 들어도 과거 전쟁의 기억이 떠올라 흥분하며 젊은이들을 가르치려 든다. 세상이 많이 바뀌었음에도 불구하고 말이다. 여러 여건상 대한민국이 북한에 비해 경제력이 월등히 좋고 전쟁을 일으킬 가능성도 적지만, 전쟁의 기억이 여전히 특정 단어에 혈압이 오르고 맥박이 빨라지도록 만드는 것이다.

지연 반응형 : 과거의 일로 계속 화를 내는 사람

지연 반응형은 스트레스가 사라진 뒤에도 계속 스트레스 반응이 활성화되는 경우다. 고양이는 눈앞에서 사라졌지만 그 웃음이 계속 머릿속에 잔상으로 남아 있는 것이다. 툭 털지 못하고 늘 뒤끝을 남긴다. 앞에서는 말하지 못하고, 돌아서서 한마디도 하지 못한 걸 뒤늦게 후회하고 열 받는 성격도 여기에 들어간다.

누군가로부터 심한 소리를 들어도 정작 그 앞에서는 아무 이야기도 못 하는 이들이 있다. 상담해보면, 어려서부터 화를 참는 교육을 받거나 자기의견을 말하는 데 서툰 이른바 자존감이 낮은 탓이다. 당시에는 모든 걸 속으로 삭이지만 상처는 계속 남아 스스로를 괴롭힌다. 전형적인 지연 반응형이다.

지연 반응형의 반대는 스트레스를 받는 순간 바로 반응하는 이들이다. 화를 잘 내는 사람들이 이런 유형이다. 흔히 화를 잘 내는 사람은 뒤끝이 없다고 한다. 스트레스 자극이 발생하는 순간 화를 냄으로써 엔도르핀이 분비되어 치솟은 화가 누그러지기 때문이다. 그러나 정작 자신의 스트레스는 해소될지 모르지만, 다른 사람에게 상처가 되기도 한다. 막무가내로 쏟아낸 분노는 누군가에게 반드시 해를 끼친다.

지연 반응으로 인해 지연 반응형이 되는 경우도 있다. 처음 싫은 소리를 들었을 때는 그다지 기분이 나쁘거나 하지 않았는데, 집에 돌아와 낮에 들었던 소리를 곱씹어보면서 뒤늦게 분노가 일어나는 것이다. 당시 상황에서 기분 나빠하지 않았던 자신이 원망스러워 분노는 2배가 된다. 이미 상황은 종료된지라 어찌해 볼 도리가 없으니 화는 쉽게 누그러지지 않는다.

또 무뚝뚝하거나 부끄럼을 많이 타는 사람도 지연 반응형에 속한다. 감정이 없는 게 아니라 잘 꺼내지 못하는 것이다. 기억력이 좋은 사람도 지연 반응형이 될 가능성이 높다. 10년 전 일도, 마치 어제 일어났던 일처럼 생생하게 기억하는 이들이 있다. 그때 당시 이야기를 나눴던 상대는 전혀 기억하지 못하는 일도 본인 머릿속에는 또렷하게 남아 있는 것이다. 기억력이 좋은 건 장점이지만, 나쁜 기억도 오래 간다는 점은 단점이다. 나쁜 기억에 대한 망각은 인생을 조화롭게 살아가는 데 매우 중요한 덕목이다.

이밖에도 마감시간에 반복적으로 쫓기는 기자도 지연 반응형을 보이는 경우가 많다. 늘 긴장상태에 있으므로 스트레스 호르몬인 코르티솔이 높은 상태에 있다. 코르티솔은 정신을 집중해야 할 긴장된 순간에 분비되어 상황을 잘 대처할 수 있도록 돕는다. 코르티솔의 과다 노출로 인한 대사 장애로 복부비만과 당뇨병이 발병할 수 있고, 뇌 세포가 위축되어 기억장애가 오기도 한다. 또 한 번 오른 혈압이 계속 회복되지 않고, 우울 증세를 보이는 경우도 있다.

지연 반응형에서 벗어나려면 스트레스 상황을 툭 털어버릴 수 있어야 한다. 나쁜 일은 '액땜 했다' 생각하고 기억에서 지울 수 있어야 한다. 출근하려고 주차장에 가보니 누군가 차문을 심하게 긁어 놓고 도망갔다. 정비소에 갔더니 수리비로 20만 원이 나왔다. 이 경우 속이 무척 상하지만 어쩔 수 없는 일이라고 툭 털어버리는 사람이 있다. 긁힌 차를 보는 순간 코르티솔이 확 분비되지만 어쩔 수 없노라 마음을 바꿔 먹으면 코르티솔이 제자리로 돌아와 마음이 차분해지는 것이다. 이런 태도를 지닌 유형이 E형 인간이다. 분명 손해를 보았지만, 장기적으로 보았을 때 이런 태도는 인생에 도움이 될 확률이 매우 높다.

같은 상황에서 어떤 이는 범인을 잡겠다고 관리사무소에 CCTV를 녹음파일을 요청하고, 경찰을 부르는 등 화를 가라앉히지 않는다. 영상이 흐릿해 누군지 밝히는 데 실패하면 분노는 더해진다. 범인을 잡을 때까지 차 수리를 하지 않겠다고 버티지만, 흠집 난 차를 볼 때마다 스트레스 반응이 폭발한다. 이 순간 'E형 인간'으로 어떻게 전환할 수 있을까. 받아들이면 된다. 할 수 있는 만큼 했다고 생각한다. 범인을 잡기 위해 최선을 다했으니 결과가 어떻든 내 능력 밖의 일이었음을 받아들이는 것이다. 범인도 잡지 못하고 시간만 소비하고 스트레스만 과도하게 받았다고 생각하면 그야말로 최고의 악수이다.

불충분 반응형 : 무기력하고 재미가 없는 사람

마지막으로 불충분 반응형이다. 스트레스 반응이 적절하게 일어나지 않는 경우다. 스트레스 호르몬이 필요한 만큼 분비되지 않아 몸의 불균형한 상태가 지속되거나, 조절 장애로 다른 조절 물질들이 활성화되는 경우이다. 만일 스트레스 호르몬인 코르티솔이 제대로 나오지 않으면 스트레스 반응으로 생긴 염증성 사이토카인이 과잉 활성화되는 식이다. 즉 과잉 분비된 사이토카인은 염증반응을 일으켜 만성피로증후군, 아토피성피부염, 섬유근육통 등을 일으킨다. 그밖에 스트레스 호르몬의 불균형으로 생기는 몸의 증세는 두통, 기억력 감퇴, 몸살, 집중력 저하, 관절통, 우울 증상, 복통, 어지럼증, 맛 감각의 변화, 소화불량, 공황 장애, 빛에 예민한 증상, 식은 땀(특히 밤에 잘 때), 체중 변화, 알레르기 증상, 두근거림, 얼굴이 달아오르는 증상, 탈모 등 굉장히 광범위하다.

호르몬의 불충분 반응이 일어나는 이유 가운데 하나는 스트레스 호르몬 분비에 중요한 역할을 하는 부신의 기능이 저하된 데 있다. 이를 부신기능저하증이라고 한다. 부신은 콩팥 위에 위치한 내분비기관이다. 스트레스나 자극에 대한 우리 몸의 대사와 면역 반응을 조절한다. 부신 기능이 떨어지면 만성피로에 휩싸이게 되고, 병원에서는 각종 약물을 투여해 호르몬의 분비를 촉진하거나 직접 호르몬을 주입하는 치료를 한다. 부신 기능이 저하되면 중요한 결정을 해야 할 경우 판단이 흐려지거나 늦어질 수 있다. 또 잠을 자도 개운치 않고, 늘 불안하고 뭘 해야 할지 갈피를 잡지 못하는 증상 등이 나타난다. 회사 대표, 고위 관리직 등 수시로 복잡한 판단을 하여 중요한 결정을 내려야 하는 자리에 있는 사람이라면 판단을 내리는 데 어려움을 겪는다. 따라서 다른 사람들의 의견에 맥없이 따라가거나, 판단을 내리지 못해 문제 해결이 지연되는 경우가 발생한다. 피곤함을 극복하기 위해 약물치료를 받지만 정신이 몽롱해지는 부작용이 생기기도 한다.

미국의 35대 대통령 존 F 케네디가 앓았던 애디슨병도 부신기능저하증과 유사하다. 실제 케네디의 만성피로증후군으로 인해 1961년 쿠바의 미사일 기지를 공격하려던 피그스 만 작전과 소련 흐루쇼프와의 빈 정상회담을 망쳤다는 분석도 제기되고 있다. 케네디는 젊고 건강한 대통령이라는 이미지를 위해 병을 숨긴 채 개인 주치의로부터 향정신성 약물 치료를 받기도 했다. 스트레스 호르몬이 정상적으로 분비되지 않아 발생되는 만성피로증후군은 목숨을 위협할 만큼 치명적이지는 않지만 서서히 삶을 옥죄는 불편한 질환이다. 피로 증상을 느낄 때는 원인을 찾아서 근본적인 치료를 해야 한다. 흔히 피로 회복제를 먹는데 이는 아무런 효과가 없다. 괜찮겠지, 하고 방치하면 실의에 빠지고 우울증을 겪으며 일상생활을 이어가지 못하게 된다. 결국 학업을 포기하거나 일자리를 잃고 가족 사이에 갈등을 일으키기도 한다.

지난해 자살로 삶을 마감한 영화배우 로빈 윌리암스도 우울증을 앓은 것으로 보인다. 영화에서 늘 긍정적인 역할로 웃음과 따뜻한 지혜를 전해주었지만, 정작 그의 몸과 마음은 불균형 상태에 있었던 듯하다. 평소 그는 식욕도 없고 커튼을 걷지 않은 채 컴컴한 침실에서 잠만 잤다고 하는데, 하루 20시간 잠을 자도 늘 피곤하다는 말을 했다고 한다. 6개월 이상 피곤하고 몸의 이상 증세가 낫지 않는다면 반드시 원인을 찾아야 한다. '피로'가 삶을 갉아 먹는 것을 지켜만 보고 있어서는 안 된다. 건강식품을 먹거나 혹은 곧 나아지겠지, 하는 막연한 생각은 결코 답이 될 수 없다.

억지 웃음은
마른 수건을 짜내는 것

인간은 의학의 발달로 완벽한 건강체를 꿈꿔 왔다. 불과 100년 전만 해도 우리는 전염병과 굶주림에 시달렸다. 그 뒤 파스퇴르의 백신, 플레밍의 페니실린, 각종 항생제, 마취를 비롯한 외과 수술의 발달 등 의학의 눈부신 발전으로 인간의 수명은 100세를 바라보는 시대에 이르렀다. 엔도르핀 등 긍정 호르몬이 발견될 당시에는 우리 몸이 모든 스트레스를 거뜬히 이겨낼 수 있으리라는 기대가 높아졌다. 1987년 미국에서 항우울제 '프로작 prozac'이 나왔을 때에는 우울증을 약으로 치료 가능한 단순한 질환으로 정복하는 듯했다. 프로작은 세로토닌을 인위적으로 올려줌으로써 우울증세를 없애주는 원리이다.

그러나 위약 실험에서 가짜 항우울제를 먹고도 증세가 좋아진 환자가 실험군의 30%에 이르렀다. 즉, 약에 기대지 않아도 우울증을 극복할 수 있는 이들도 있는 것이다. 결국 무조건적인 프로작의 남용은 더 많은 환자를 만들어낼 뿐이었다. 이에 대해 우울증을 생물학적 현상으로만 보지 말자는 반성이 일어났고, 이제는 사회적 심리적 원인을 파악하여 상호보완적인 차원에서 치료를 하자는 쪽으로 분위기가 바뀌었다. 약에 100% 의존

하기보다 몸이 스스로 균형점을 찾도록 돕는 노력이 중요하다는 것이다.

사실 병적인 증세의 심한 우울증이 아니라면 우울감은 그다지 나쁜 것은 아니다. 우리가 사랑하는 음악, 미술, 문학 등 수많은 예술 작품 가운데는 작가의 우울감이 영감을 준 것들도 많이 있다. 우울하면 세상을 바라보는 시각이 예민하고 깊어지기 때문이다. 프로이트는 "우울증 환자는 보통 사람보다 진실을 보는 눈이 더 날카롭다"라고 말하기도 했다. 중요한 것은 우울증과 우울감을 구별할 줄 알아야 한다는 점이다. 물론 약을 먹어야 할 정도의 우울증 환자와 단순한 우울감을 자주 느끼는 이들 모두 일상에서 우울감을 다스리려는 노력이 필요하다.

15년 전 일본의 하루야마 시게오春山茂雄 박사가 쓴 《뇌내 혁명》은 엄청난 베스트셀러가 되었고, 우리나라에서도 엔도르핀 열풍이 불었다. 《뇌내 혁명》의 핵심은 좋은 호르몬의 분비를 늘려야 한다는 것이다. 긍정 호르몬에는 엔도르핀, 도파민, 세로토닌, 옥시토신 등 4가지가 있는데, 특히 하루야마 시게오 박사가 강조한 것은 엔도르핀이다. 엔도르핀은 통증과 고통을 해소하면서 기쁨을 몰고 온다. 엔도르핀 분비가 많아지면 신체적 정신적 고통을 해소할 수 있다.

당시 하루야마 시게오 박사는 '긍정적 발상' 즉 '좋은 생각'을 많이 하면 엔도르핀이 분비된다고 주장했다. 플러스 발상을 하고, 긍정적으로 생각하면 몸에서 엔도르핀이 나온다. 엔도르핀이 나오면 면역력도 좋아지고, 알파파가 올라가면서 스트레스도 없애고 건강해질 수 있다는 것이다. 긍정적인 생각에 대한 이론이 대중적이지 않던 시절, 의사가 과학적 근거를 앞세워 설파한 긍정 마인드는 주목을 받기에 충분했다.

마음이 즐거워지면 엔도르핀이 나오는 것은 이미 과학적으로 증명된 사실이다. 미국 캘리포니아대 존 레번John Leven 박사의 실험 결과, 밀가루로 만든 가짜 약을 진통제로 알고 먹은 환자들도 통증을 느끼지 않았다. 진통제를 먹으면 통증이 사라질 것이라는 긍정적인 생각이 엔도르핀을 나오게 한 결과다. 그밖에도 엔도르핀은 감동을 받거나 마음이 편안해지면 생기고, 사랑에 빠져도 많이 나온다. 원숭이들이 털 고르기를 하는 동안에도 엔도르핀이 나온다. 물론 음식으로도 엔도르핀은 나온다. 즐거우면 엔도르핀이 나온다.

웃음으로써 엔도르핀을 몸에서 만들 수 있다는 믿음이 생기자 이를 실천하는 사람이 늘어갔다. 아침에 일어나 거울을 보면서 크게 웃어보라거나, 차에서 운전할 때, 화장실에서 짬날 때마다 신나게 웃어보라는 조언이 쏟아졌다. 하루에 3분씩 큰소리로 웃으면 마음이 상쾌해지고 엔도르핀이 솟구친다는 주장도 설득력을 얻었다. '행복해야 웃는 게 아니라 웃으면 행복해진다'는 말이 사람들의 가슴속을 파고들었다. 세상이 곧 행복의 나라로 바뀔 듯이 보였다. 그런데 실천하는 사람이 늘어났지만 스트레스가 사라졌다는 이야기는 들리지 않았다. 왜일까.

우리가 깜박 잊고 있던 엔도르핀 분비의 전제조건 때문이다. 근본적으로 엔도르핀은 몸의 고통을 없애기 위해 더 많이 나온다. 엔도르핀은 즐겁게 웃는다고 나오는 것이 아니다. 억지 웃음으로 엔도르핀을 만들어내는 것은 마른 행주를 쥐어짜는 것과 같다. 아무리 큰소리로 웃어도 웃음이 멈추는 순간 마음은 다시 공허해진다.

엔도르핀은 우리 몸이 극심한 고통을 느낄 때 고통을 덜어주기 위해 나오는 것임을 기억해야 한다. 힘들 때 울고 나면 속이 후련하고 시원해지는 이치다. 마라톤 선수들이 숨이 턱까지 차오르는 고통 속에서 어느 순간 몸이 날아갈 듯 가볍게 느껴지는 '러너스 하이Runners' high'는 엔도르핀의 작용이다. 육체적 고통을 견디는 과정에서 기쁨을 느끼는 것은 모순처럼 보이지만, 고통을 기쁨으로 전환하여 균형을 이루려는 우리 몸의 적응 방식이다.

이처럼 긍정 호르몬이 자연스럽게 분비되는 것이 우리 몸에 가장 이상적이다. 자연스러움은 '균형'의 다른 말이기도 하다. 'E형 인간'은 스트레스 호르몬과 긍정 호르몬이 균형을 이루는 유형이다. 스트레스 호르몬이 증가해 몸을 긴장시키는 순간이 지나면, 긍정 호르몬이 몸에 흘러 그 긴장과 고통을 완화시켜

준다. 이러한 스트레스 반응 과정은 마치 물이 흐르는 이치와 같다. 이 과정이 막힘없이 흘러갈 때 우리의 몸과 마음이 건강하다고 볼 수 있다. 이것이 바로 'E형 인간'이다.

지난 7월 일본 의료계의 거목 히노하라 시게아키日野原重明가 세상을 떠났다. 1950년대에 민간병원에 건강검진을 도입하여 예방의학의 초석을 쌓은 그는 고혈압 심장병 당뇨병 등을 '생활습관병'으로 이름 붙인 장본인이기도 하다. 105세로 삶을 마감한 그는 100세가 넘은 나이에도 현역 의사로 환자를 진찰했다. 그가 94세 때 장수를 연구하는 후배 의사에게 혈액을 제공한 일이 있는데, 인슐린, 아디포넥틴, 부신피질호르몬 등 호르몬 수치가 40대 수준이었다고 한다. 호르몬 균형은 장수에 결정적인 영향을 미친다는 것을 알 수 있다.

한편, 시게아키 박사는 자신의 몸을 항상 체크하는 습관을 지녀 하루하루의 변화를 기록했다고 한다. 의사로서의 자신의 몸을 실험 대상으로 삼았던 것일까. 그가 평생 실천한 건강 지침은 '소식小食과 빠른 걸음, 심호흡, 일하기, 스스로 옷 사 입기, 웃음, 물건에 대한 집착 버리기, 재미' 등이다. 105세로 장수하며 개인의 삶은 물론 의사로서 사회적 존경을 받은 그의 실험은 성공적이었다.

놀이공원의 롤러코스터와
인생 롤러코스터는 왜 다른가

호르몬의 역할을 이해하면, 마음을 업그레이드할 준비가 된 것이다. 마음의 업그레이드란, 스트레스 호르몬에 잘 대응하여 이를 바탕으로 호르몬의 균형을 유지하는 것을 뜻한다. 앞에서 잠깐 설명한 러너스 하이는 미국의 심리학자인 아놀드 J 맨델 Arnold J. Mandell이 1979년 발표한 논문에서 처음 사용했다. 격렬한 운동을 하면서 받는 신체적 스트레스에서 느끼는 '행복감'을 말한다. 이때의 느낌은 마약과 같은 약물을 투여했을 때의 느낌 또는 그 상태와 유사하다고 한다.

긴 거리를 뛰는 마라토너에게는 엄청난 통증이 찾아오고, 그 고통을 없애기 위해 엔도르핀이 분비된다. 덕분에 42.195km를 달릴 수 있고, 결승점에 도달한 뒤 무엇과도 비교할 수 없는 상쾌함을 맛보게 된다. 러너스 하이는 마라톤뿐만 아니라 스키·서핑·레슬링·축구 등 격렬한 운동을 즐기는 사람들에게도 나타난다. 번지 점프나 놀이기구를 타면서 느끼는 쾌감도 이와 같다. 모두 스트레스 상황에서 분비되는 엔도르핀 때문이다. 스릴을 느낄 때 생기는 스트레스는 나쁜 스트레스는 아니다. 물론 스트레스 반응이 유도되지만 건강에 해를 줄 정도로 활성화되지 않고, 더불어 ß-엔도르핀 등 오피오이드 펩타이드가 분비되어 스트레스 반응을 바로 해소해준다. 아드레날린과 코르티솔이 분비되는 스트레스 상황에서 엔도르핀이 카운터펀치(권투에서 상대 선수의 공격을 방어하면서 곧바로 펀치를 날리는 것)를 날려주는 격이다.

'카필라노의 법칙(Capilano Suspension Bridge experiment)'은 조교 효과라고도 한다. 조교吊橋는 강이나 절벽, 혹은 좁은 해협 사이에 줄이나 쇠사슬로 묶은, 이른바 '출렁 다리'이다. 그 다리를 건널 때는 누구나 공포에 사로잡힌다. 즉 스트레스 상황에 놓인다. 그런데 이 다리 위에서 이성을 마주치게 되면 그와 사랑에 빠지는 경우가 많다고 한다.

캐나다의 심리학자 도널드 더턴Donald Dutton은 밴쿠버의 카필라노 캐니언 협곡에서 실험을 했다. 그곳엔 두 개의 다리가 있다. 하나는 깊고 높은 절벽을 가로지르는 폭이 좁은 현수교다. 다리에서 70m 아래에는 급류가 흐른다. 다른 다리는 산 아래 얕은 개울을 지나는 넓고 튼튼한 다리이다. 각각 두 개의 다리에서 여성 조사원이 남성들에게 설문지를 쓰게 한 뒤 설문결과가 궁금하면 나중에 연락을 달라고 하면서 전화번호를 알려주었다. 그 결과 흔들리고 위험한 현수교에서 만났던 남성 32명 중 9명이 여성에게 전화를 걸어왔다. 반면 낮은 다리에서 만난 집단에서는 단 2명만이 여성에게 전화를 걸어왔다. 같은 여성에 대하여 위험한 다리에서 만난 남성이 더 깊은 호감을 느낀 것이다. 높은 다리에서 느끼는 공포감을 방어하기 위하여 분비된 도파민의 효과이다. 상대 이성에게 멋진 모습을 연출하여 호감을 갖게 하고 싶다면 험한 곳에서 자신을 드러낼 필요가 있다.

이러한 호르몬의 원리를 우리 삶으로 옮겨와 보자. 사실 우리의 삶은 마라톤이나 위험해 보이는 다리를 건너는 것과 크게 다르지 않다. 위험하고, 언제 위기가 닥칠지 모르고, 어려움을 헤쳐 나가야 한다. 좋은 날도 있지만 고통에 찬 날들도 많다. 어제는 좋았는데, 오늘은 힘들다. 반대로 어제는 고통이었으나, 오늘은 많은 문제가 해결되면서 마음이 상쾌해진다. 그래서 사람들은 자신의 삶이나 인생이 롤러코스터를 타고 있는 것과 같다는 생각을 한다. 한 가지 생각해보자. 같은 롤러코스터인데, 인생의 롤러코스터도 공원의 놀이기구처럼 재미있게 탈 수는 없는 것인가. 돈까지 벌면서 타고 있는 직장에서의 스트레스는 왜 고통스럽게만 느껴질까. 삶의 롤러코스터도 조금 더 재미있게 즐길 수 있을 방법은 없을까. 여기에 답이 있다.

인생의 롤러코스터와 놀이동산의 롤러코스터의 차이는 스트레스 자극을 해소하기 위한 엔도르핀 분비가 얼마나 자연스럽게 이뤄지느냐에 달려 있다. 노동은 고통스럽기도 하지만 즐겁기도 하다. 엔도르핀이 솟는 기쁨을 누리기 때문이다. 그러나 기쁨을 외면한 가운데 고통에만 집중하면, 스트레스는 쌓여갈 뿐이다. 해소의 탈출구가 없는 가운데 자꾸 병 속으로 압력을 증가시키는 것이다. 결과적으로 스트레스 호르몬이 과도하게 분비되는 신체의 불균형 상태로 몸을 끌어간다. 이때 직장 생활은 힘들어도 매달 받는 월급으로 식구들 부양하고 아이들 학교 보내고 가르치지 않는가라고 생각하면 그 순간 긍정 호르몬으로 카운터펀치를 날리는 격이 된다. 이것이 가능하려면 성격이 변해야 한다. 성격의 변화는 스트레스를 담는 나의 물그릇에 작은 구멍을 만드는 것이다. 구멍을 낸다는 것은 스트레스를 내보내야 할 때라고 인식하는 태도이다. 그것이 가능해지면 나쁜 스트레스가 좋은 스트레스로 바뀐다. 인생의 롤러코스터가 단순히 고통스럽기만 하지 않다는 것을 알게 된다.

나쁜 스트레스를
좋은 스트레스로 U 턴!

실험용 쥐를 가둔 뒤 정기적으로 전기 자극을 준다. 스트레스를 받은 쥐는 먹이도 안 먹고 면역력이 떨어지면서 병이 나고 암에도 걸린다. 그러다 하나의 동기를 부여한다. 고리를 걸어두고 그것을 건드리면 전기가 끊어져 자극이 멈추도록 한 것이다. 어느 순간 이 사실을 알게 된 쥐들은 전기 자극이 오더라도 당황하지 않고 고리를 건드린다. 학습이 된 쥐들은 아무리 전기 스트레스를 줘도 면역력이 떨어지지 않는다. 건드리면 자극이 멈춘다는 걸 알기 때문이다. 스트레스 호르몬이 나오지 않고 암도 안 걸리고 건강하다. 이것이 동기부여다. 동기가 부여되면서 나쁜 호르몬의 분출이 멈춘다.

인간 역시 이 같은 전기 자극을 끊을 수 있는 안전판이 확보된다면 삶에서 다가오는 스트레스를 차단할 수 있다. 스트레스가 다가와도 공포스럽지 않다. 그것을 넘길 수 있는 방법을 알기 때문이다. 스트레스 호르몬이 나쁜 존재가 아닌 긴장과 공포를 이겨내기 위한 신체의 반응이며, 엔도르핀 등 긍정 호르몬이 나오는 시작점이 될 수 있음을 이해하는 것이 출발점이다.

스트레스는 좋은 스트레스(eustress), 나쁜 스트레스(distress)

두 가지가 있다. 나쁜 스트레스에 대한 이야기는 많이 하지만 좋은 스트레스에 대한 관심은 덜하다. 그러나 사실 똑같은 스트레스다. 스트레스를 받는 순간 이것을 좋은 쪽으로 만드는 사람이 있는데, 이 경우 스트레스는 좋은 것이 된다. 스트레스의 좋고 나쁨의 차이는 받아들이는 마음의 태도에 있다. 스트레스 호르몬은 내 몸의 균형을 위한 것이고, 또한 위기와 긴장된 상황에 적응하는 과정이다. 그것이 몸이 견딜 수 있는 정도를 넘어갈 때 문제가 된다. 스트레스 자극은 내 몸이 지탱할 수 있는 것 이상의 스트레스 호르몬을 분비해 몸을 망가뜨릴 수 있다. 그런데 그 상황을 넘어서는 방법도 몸은 이미 알고 있다. 긍정 호르몬의 분비를 통해 상쇄하는 것이다. 이럴 때 스트레스는 다시 좋은 스트레스가 된다. 스트레스 상황을 넘어설 수 있고, 그것이 오히려 엔도르핀을 분출하는 행복한 전화위복이 가능하기 때문이다.

그렇다면 이러한 전환을 어떻게 가능하게 할까. 우선 과학적으로 증명된 많은 사람이 알고 있는 한 가지 이야기를 먼저 해보자. 바로 플라시보 효과(Placebo effect) 즉 위약 효과이다. 앞에서 말한 캘리포니아대의 존 레번 박사는 치과 환자들에게도 밀가루로 만든 가짜 진통제를 먹게 했는데, 치료 중에 통증을 느끼지 않았음을 밝혀냈다. 다른 마취제 없이 고통스러운 치료가 가능했던 것은 바로 뇌에서 가짜 약을 먹는 순간, 이제부터

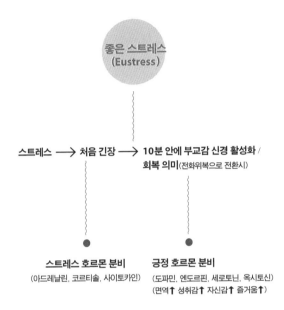

좋은 스트레스
(Eustress)

스트레스 ⟶ 처음 긴장 ⟶ 10분 안에 부교감 신경 활성화 /
회복 의미(전화위복으로 전환시)

스트레스 호르몬 분비
(아드레날린, 코르티솔, 사이토카인)

긍정 호르몬 분비
(도파민, 엔도르핀, 세로토닌, 옥시토신)
(면역↑ 성취감↑ 자신감↑ 즐거움↑)

나쁜 스트레스
(Distress)
(일반적으로 말하는 스트레스)

스트레스 ⟶ 긴장 ⟶ 아드레날린, 코르티솔, 사이토카인 ↑
증가된 스트레스 호르몬이 오래 지속 ⟶ 면역력↓ 인슐린 저항↑ 염증 반응↑
희망 상실, 무력감 ⟶ **질병 초래**

고통을 느끼지 않게 될 것이라고 생각하기 시작했고, 그 순간 엔도르핀이 나와 통증을 느끼지 않도록 해주었기 때문이다.

이는 곧 고통의 상황에서 '아프지 않다', '괴롭지 않다', '할 수 있다'는 긍정적인 사고가 호르몬 시스템을 보다 효율적으로 작동해 우리 몸의 균형을 유지할 수 있도록 해주는 한편, 이를 바탕으로 각종 질병으로부터 방어할 수 있게 해주는 것을 의미한다. 따라서 플라시보 효과는 속임수가 아닌 인체가 균형점을 찾아가기 위한 행위를 촉진하는 방식을 설명하는 것이다. 굳이 가짜 약이 아니더라도 나는 고통을 이겨낼 수 있다고 생각하면 뇌와 몸이 그 같은 균형점을 향해 움직이기 시작한다는 걸 뜻하기도 한다.

이와 반대로 진짜 약을 먹어도 약이 해롭다고 생각하거나 효과가 없을 것이라는 부정적인 믿음으로 약효가 떨어지기도 하는데, 이를 노시보 효과(Nocebo effect)라고도 한다. 플라시보와 노시보, 모두 마음먹기 달렸다는 뜻이다.

이러한 자기암시(autosuggestion) 요법은 1880년대 프랑스의 약사 에밀 쿠에(Emile Coué)가 주장하여 널리 알려졌다. 그는 약 포장이나 광고 문구에 따라 손님들이 느끼는 약의 효과가 달라진다는 것을 알았다. 즉 병이 나으려면 스스로 나아지고 있다는 믿음, 자기암시가 약만큼이나 중요하다는 것을 알고 1910년에 암시요법 시술소를 만들었다. 요법이랄 것도 없이 '나는 좋아지고 있다, 하루하루 나아지고 있다, 고통이 줄어들고 있다'는 말을 하루 20번 소리 내어 말하고 생각하는 것이 전부였다.

쿠에의 자기암시요법은 미국의 대공황과 맞물려 불행한 현실에서 벗어날 수 있는 희망의 메시지로 받아들여졌다. 그 가르침은 지금도 다양한 자기계발서에서 익숙하게 쓰이고 있다. 쿠에는 의사로서 확신을 가지고 의학적 요법으로 발명했지만, 한동안 비과학적이라는 비판을 받았다. 그러나 현대에 이르러 뇌과학과 인지과학, 실험심리학의 발달로 자기암시요법은 새롭게 조명되며 다양하게 연구되고 있다. 현대인의 병은 심리 환경적 스트레스에 장기간 노출되어 발현되므로, 약 치료와 함께 심리적 암시요법도 질병 치료 과정에 꼭 필요한 것으로 인식되고 있는 것이다.

4

나는
어떤
성격으로
세상과
맞서고
있는가

●

성격의 변화는

약간의 생각 전환만으로 가능하다.

마치 중심에서 반걸음만 옆으로 옮겨

한참 걸어가다 보면

도착 지점이 달라지는 것과 같은 이치이다.

성격으로
미래의 행복을 예측한다

보통 '스트레스는 만병의 근원'이라고 믿는다. 과연 그런가? 앞에서 살펴본 것처럼 스트레스 그 자체만으로는 해가 되지 않는다. 스트레스 호르몬이 넘치거나 모자랄 때, 균형이 깨졌을 때 병의 원인이 된다. '스트레스는 만병을 불러온다'는 부정적인 생각은 어서 빨리 스트레스에서 벗어나야겠다는 강박을 불러오고 결국 몸 여기저기에 이상 신호를 가져온다. 미국의 심리학자 켈리 맥고니걸Kelly McGonigal은 1998년부터 8년 동안 '스트레스가 건강에 해롭다고 믿는지'에 관한 연구를 진행했다. 그 결과 스트레스가 건강에 해롭다고 믿는 사람들이 그렇지 않은 사람보다 사망률이 43% 증가했다. 더 중요한 것은 극심한 스트레스를 경험한 사람 가운데 '스트레스가 건강에 해롭지 않다'고 생각한 사람은 스트레스를 받지 않은 사람처럼 사망 위험률이 낮았다. 즉 스트레스 그 자체보다 스트레스가 해롭다는 믿음이 건강에 나쁜 영향을 미친다.

어릴 적 야트막한 동네 뒷산에서 이상한 울음소리가 들렸다. 꾸륵거리는 소리에 밤새 잠을 설쳤다. 눈에 보이지 않고 머리로만 상상하는 소리의 정체는 귀신 아니면 괴물이었다. 며칠 지나서 우연히 산에 올라갔다가 나뭇가지에 산비둘기가 앉아 있는 것을 보게 되었다. 울음소리의 주인공이 바로 그 산비둘기였다. 울음의 정체를 안 뒤부터는 편안하게 잘 수 있었다. 울음소리는 여전했지만 조금도 거슬리지 않았다. 우리가 막연하게 느끼는 공포, 부정적인 생각은 이런 것이다. 스트레스에 대한 부정적인 인식을 바꾸지 않는 한, 우리는 눈에 보이지 않는 '스트레스'에 점점 자신을 내주면서 고단하게 살게 될 것이다.

반면 같은 스트레스를 받아도 오히려 즐기는 사람들이 있다. 예컨대 장거리 운전을 하는 경우 급성스트레스로 고생하는 사람이 있는 반면, 10시간 넘도록 드라이브를 즐기는 이들도 있다. 이는 스트레스에 대한 반응이 사람마다 다르기 때문이다. 스트레스는 누구에게나 똑같은 것으로 생각되지만, 성격에 따라 받아들이는 방식이 다르다. 스트레스를 어떻게 인식하고, 어떻게 반응하고 행동해야 하는가에 성격이 중요한 요소로 작용하는 것이다. 성격은 부모에게서 물려받기도 하고 양육 환경, 교육에 영향을 받는다. 그래서 바꿀 수 없다고 한다. 그러나 나의 성격을 알면, 자신이 스트레스를 잘 받는 사람인지 덜 받는 사람인지 파악할 수 있다. 이에 따라 자신에게 맞는 효율적인 스트레스 해결법과 관리법을 찾을 수 있다.

국제 심신의학계에서 지금까지 연구 발표한 성격 유형은 A, B, C, D형 4가지이다. 혈액형과는 아무런 상관이 없다. 1959년 미국 샌프란시스코 의대의 심장과 의사인 프리드만Friedman 과 로센만Rosenman 교수가 관상동맥관련 심장병환자 연구에서 처음으로 A형 성격을 제시하였고, 이후 이와 상반된 성격을 B형으로 제시했다. 이어 발표 순서에 따라 C형, D형이 붙여졌다. 그리고 여기에 필자가 새롭게 연구 개발한 'E형 성격'이 있다. 각 성격마다 스트레스를 받아들이고 대처하는 방식이 다르다. 같은 유형의 성격이라도 점수화해 측정하면 스트레스 민감도 점수가 높게 나오는 사람이 있고 낮게 나오는 사람이 있다. 적정한 수준의 점수가 나오는 사람은 스트레스를 그다지 걱정하지 않아도 된다. 문제가 되는 유형은 일상에서 자주 스트레스를 받는 예민한 성격이다. 예컨대 A형으로 분류된 사람 가운데 스트레스 민감도 점수가 높은 사람, 그리고 C형이나 D형 중에서도 점수가 높게 나온 이들이다. 이들은 오랜 시간 긴장에 노출되어 호르몬 분비량이 증가되는데 특히 지속적으로 나오는 스트레스 호르몬이 문제가 된다.

A형은 과도한 경쟁심, 강한 성취욕, 조급성, 적개심 등의 행동 특징을 보인다. B형은 A형과 정반대의 성격으로 매사에 여유롭고 결과보다 과정을 즐긴다. C형은 주위 사람들에게서 '나이스하다'라는 평을 들을 만큼 사고가 유연하고 자기희생이 강하지만, 반면에 결단력이 부족하며 부정적인 감정은 억눌러서 표현하지 않는 성격이다. D형은 부정적인 감정들, 화, 불안감

등을 자주 느끼면서도 이를 억누르는 경향이 강하고, 말수가 적고 다른 사람과 어울리지 못해 사회로부터 소외감을 느낀다. 건강심리학계에서는 보통 A형은 고혈압, 심장병 등에 걸릴 위험이 있고, C형은 암, D형은 관상동맥질환, 심장병, 당뇨병, 우울증 등에 노출될 수 있다고 밝히고 있다. 이런 질환은 각 유형에서 스트레스 민감 지수가 매우 높은 사람들에게 해당한다. 즉 A형에 속한 사람들 전체가 고혈압 심장병에 걸리는 것은 아니다. 이 가운데 스트레스에 가장 유리한 이상적인 성격 유형은 B형이다.

성격은 기업에서 직원 채용과 인사 고가나 승진 기준으로 삼기도 한다. 직원 채용은 대개 간접적인 성격 검사를 하기도 하고, 자기소개서나 살아온 과정, 경력 내용을 살피면 어떤 유형의 사람인지 드러난다. 일 잘하는 것은 단연 A형이다. 세계적인 기업 제너럴일렉트릭(GE)은 직원을 뽑을 때 성격을 본다. 잭 웰치 회장의 집무실에는 '전략보다 사람이 우선이다'는 글이 붙여져 있다고 하는데, 어쩌면 여기서의 사람은 '성격'일지도 모른다. GE의 최고 경영자를 거친 사람들은 대부분 A형에 가깝다. 반면 B형은 일찌감치 임원 승진 대상에서 제외되고, 회사가 어려워질 경우 명예퇴직 1차 대상이 된다. C형은 부하직원으로 좋은 성격이다. 시키는 대로 잘 따르고 맡은 일은 잘한다. 그런데 악착같이 하지는 않는다. 딱 거기까지다. 더 발전이 없는 것이다. 보통 '예스맨'일 경우가 많지만 그러면서도 감정적인 어려움을 삭이는 유형이다. 문제는 D형이다. 조직에서 적응하기 어렵다. 늘 불만을 제기하는 스타일이기에, 기업의 직원모집 과정에서 초반에 탈락할 확률이 높다.

자신이 A, B, C, D형 가운데 어디에 속하는지는 가족과 지인들이 더 솔직하게 평가해줄 수 있으므로 그들의 의견을 귀담아들을 필요가 있다. 스스로 직접 성격을 자가 진단할 수 있는 'A/B 스코어링scoring' 방법 ▪표1 참고▪도 있다. 미국 휴스턴의 베일러 의대의 에드워드 찰스워스Edward Charlesworth 교수가 개발하였으며, 생활습관으로 A형과 B형 성격으로 나눈다.

A/B 점수 합계가 135 이상이면 A형 성격이다. A/B 점수 합계가 160~200 사이이고, 40세 이상이고 흡연가라면 심장병에 걸릴 위험이 아주 높다. 특히 A/B 점수가 135~159 사이면 심장병으로 발전할 경향이 있기 때문에 이 그룹도 각별한 주의가 필요하다.

A/B 점수가 100~134라면 A형과 B형의 혼합형임을 의미하며, A형 성격으로 갈 수 있다는 것을 염두에 둘 필요가 있다. A/B점수가 100 이하이면 B형 성격이다. 모든 행동에 여유가 있고 심장병 관련 인자는 거의 없다. 단, B형인 사람이 때때로 A형으로 바뀌기도 하고 A형인 사람이 노력해서 B형으로 될 수도 있다. 또 이러한 성격적 특성은 환경이 바뀌고 나이가 들면

서 변할 수 있다.

성격을 바꾸면 단순이 마음의 상태만 바뀌는 것이 아니다. 몸의 호르몬 분비에 변화가 생긴다. 스트레스 호르몬이 균형점을 넘어서지 않도록 제어되는 반면, 몸의 과도한 스트레스 반응을 균형점으로 돌리기 위해 엔도르핀 등 긍정 호르몬이 분비된다. 이를 바탕으로 몸을 균형감 있게 유지할 수 있는 것이다. 몸 건강, 마음 건강, 좋은 삶, 행복이 여기에 있다. 성격을 알면 그 사람의 미래를 어느 정도 예측할 수 있다.

■ 표1 ■　A / B 생활습관 질문

다음 각 항은 서로 상반되는 행동 양상을 나타내고 있다.
자신에게 제일 적합하다고 판단하는 숫자를 선택한 후 모두 더해 성격 유형을 판단할 수 있다.

		평가 등급		스코어(점수)
1	정해진 시간에만 일한다	0 1 2 3 4 5 6 7 8 9 10	일을 늦게까지 하거나 집으로 가져가서 하기도 한다	
2	조용히 기다린다	0 1 2 3 4 5 6 7 8 9 10	마음을 졸이며 기다린다	
3	평가할 때 숫자나 양으로 하지 않는다	0 1 2 3 4 5 6 7 8 9 10	숫자나 양으로 평가한다	
4	경쟁적이 아니다	0 1 2 3 4 5 6 7 8 9 10	매우 경쟁적이다	
5	별로 책임감을 느끼지 않는다	0 1 2 3 4 5 6 7 8 9 10	항상 책임감을 느낀다	
6	약속에 대하여 느긋하다	0 1 2 3 4 5 6 7 8 9 10	약속에 대해 자주 조급해한다	

7	서두르는 법이 없다	0 1 2 3 4 5 6 7 8 9 10	항상 서두른다	⬤
8	여러 가지에 흥미를 가진다	0 1 2 3 4 5 6 7 8 9 10	일만이 주요 흥미다	⬤
9	나만 만족하면 된다	0 1 2 3 4 5 6 7 8 9 10	남들이 알아주기를 원한다	⬤
10	아주 정확하지는 않다	0 1 2 3 4 5 6 7 8 9 10	세심한 데까지 주의한다	⬤
11	일시적으로 일을 안 끝낼 수도 있다	0 1 2 3 4 5 6 7 8 9 10	반드시 일을 끝내야 한다	⬤
12	직업에 만족한다	0 1 2 3 4 5 6 7 8 9 10	내 직업에 대하여 만족하지 못한다	⬤
13	잘 듣는다	0 1 2 3 4 5 6 7 8 9 10	듣기 전에 자기 말부터 끝낸다	⬤
14	태평하다	0 1 2 3 4 5 6 7 8 9 10	힘들게 애쓴다	⬤
15	천천히 한다	0 1 2 3 4 5 6 7 8 9 10	빨리 한다	⬤
16	한 번에 한 가지만 한다	0 1 2 3 4 5 6 7 8 9 10	다음에 무엇을 할 것인가를 항상 생각하면서 한다	⬤
17	별로 화내지 않는다	0 1 2 3 4 5 6 7 8 9 10	쉽게 화낸다	⬤
18	말을 천천히 한다	0 1 2 3 4 5 6 7 8 9 10	힘주어서 말한다	⬤
19	감정을 잘 표현한다	0 1 2 3 4 5 6 7 8 9 10	감정을 쌓아둔다	⬤
20	마감시간을 정하지 않는다	0 1 2 3 4 5 6 7 8 9 10	자주 마감시간 설정을 한다	⬤

- A/B 점수 합계 135 이상 : A형 성격
- A/B 점수 합계 100~134 : A형과 B형의 혼합형
- A/B 점수 합계 100 이하 : B형 성격

A/B 스코어 합계

A/B 점수 합계 160~200 사이이고,
40세 이상, 흡연가라면 심장병 위험 매우 높음

완벽주의자 A형 :
걱정을 해서 걱정이 없어지면 좋겠네

심장과 전문의인 프리드만과 로센만이 '성격과 심장병'의 관계를 연구하는 데 단서가 되었던 것은 병원 대기실 의자 때문이었다. 심장질환을 앓는 환자들이 기다리는 대기실 의자의 좌판이 금방금방 닳아서 다른 과 대기실보다 의자를 더 자주 교환했던 것이다. 이는 진료순서를 기다리던 환자들이 의자를 긁거나 이리저리 몸을 자주 움직였다는 증거였으며, 그만큼 환자들 성격이 조급하고 인내심이 부족하다는 뜻이었다. 프리드만과 로센만은 자신들이 진찰한 환자들의 특징을 연구하여 'A형 성격'을 발표하기에 이르렀다.

A형 성격의 특징은 늘 시간에 쫓기는 듯한 초조감을 느끼고, 과도한 경쟁심, 강한 성취욕, 조급성 등으로 요약할 수 있다. 행동 면에서는 항상 무엇인가를 하고 있고 말을 빨리, 크게 힘주어 한다. 항상 시간에 쫓기고 상대의 말을 중간에 끊는다든가 '예', '아니오' 등 분명한 표현을 쓰는 등 도전적인 행동을 보인다. 얼굴과 근육이 경직, 긴장되는 순간이 많다. 예컨대 자신도 모르게 어금니를 꽉 물고 있거나 주먹을 쥐고 있고, 글씨 쓸 때 힘주어 눌러 쓰는 경향이 있다. 완벽주의나 강박적인 성향이 강

해 모든 일을 완벽하게 해야 직성이 풀리고 경쟁에서 지지 않으려 한다.

이 같은 성향은 어떤 일을 하는 데 성취동기를 쉽게 찾아내고, 일처리도 완벽하게 한다. 살아가는 데 장점이 되는 부분이 많다. A형 가운데는 과학자나, 교수, 금융인 등 외에 각 분야에서 사회적 성공을 거둔 사람들이 많다. 분명한 목표를 세우고 원하는 것을 차근차근 이뤄간다면 스트레스 상황이 크게 문제가 되지 않는다. 문제는 하려는 일이 내 능력을 넘어섰을 때 대처하는 심리적 태도에 있다. 열심히 했지만 역부족일 때, 혹은 외부 환경이나 조건이 바뀌어 목표에 닿지 못하고 실패했을 때 지나치게 스트레스를 받는 것이다. 보통 사람들은 '다음에 잘하자' '이런 때도 있지 뭐' 하고 넘어가지만, 지나친 완벽주의자는 자신의 잘못과 실수에 집착하고 스스로를 못 견뎌 하며 자책하고 괴로워한다. 실패에서 교훈을 얻기보다 실패에 집착한다.

이 유형의 사람들은 머리가 좋고 판단력이 좋지만, 의외로 자존감이 떨어져 있는 경우가 많다. 다른 사람에게서 좋은 평가를 받는 일도 정작 자신의 기준에 만족하지 못하면 스스로를 깎아 내린다. 어떤 일을 완성했을 때도 만족은 잠깐, 더 높은 혹은 새로운 목표를 세워 자신을 다그치고 채찍질한다. 가장 큰 문제는 자신의 기준을 다른 사람에게도 요구한다는 데 있다. 가족, 자녀, 동료들이 자신의 기준에 닿지 못하면 비난하고 멸시한다.

본인도 힘들고 부부, 부모자녀, 동료들 모두를 불편하게 만드는 유형이다.

A형 가운데 A/B 점수 ▪ 108쪽 표1 참고 ▪가 높고, 경쟁심과 타인을 향한 분노(적개심)가 많은 경우, 스트레스 반응까지 겹치면 건강에 이상이 올 가능성이 크다. 이 유형은 스트레스 관리에 각별한 관심을 가져야 한다. 의학계에선 A형 성격 소유자들이 그렇지 않은 사람들에 비하여 2~7배 높은 관상동맥(심장동맥) 질환의 위험이 있는 것으로 보고 있다. 이들에게 경쟁심, 성취욕, 조급함 등은 흡연이 심장병에 미치는 것과 같은 정도의 위험 요소가 될 수 있다. A형 성격은 스트레스에 민감하여 스트레스 호르몬이 자주 증가하고 이로 인한 심장혈관계의 손상이 온다는 것은 여러 논문에서 보고되고 있다. 최근에는 A형 중에서 적개심이 강하고 사회적으로 불안감이 많은, 즉 남의 평가나 비평에 예민하고, 수줍음이 많고 자신감이 없는 그룹에서 특히 고혈압과 심장병이 높은 것으로 보고되고 있다.

아울러 점수가 높은 A형은 긴장을 자주하므로 이로 인한 증상을 많이 호소한다. 근육이나 위에 긴장을 주어서 근육통, 위장장애, 편두통, 오십견 등의 아픔을 호소하는 경우가 많고 남성들은 양성전립선비대증이 될 가능성도 있다. 전형적인 A형은 조기 사망 위험도 높다. 특히 긴장감이 높은 사회에서 이 같은 환자가 많다. 대표적인 예가 일본이다. 일본인들은 정서적으로 예민하고 또 A형이 많다. 강박장애도 흔하고 완벽해야 한다는 생각이 강하고, 남에게 신세도 안 지려고 한다. 이에 따른 노이로제 환자도 많다. 일본에서 신경 불안증 약, 우울증 약, 위장약이 가장 많이 개발됐다는 점이 이를 뒷받침한다.

우리나라도 상황은 비슷하다. 높은 실업률과 심화된 경쟁 탓에 사회적 긴장이 높아지면서 각종 정신관련 질환도 늘고 있다. 최근 국민건강보험공단의 자료에 따르면, 국내 '강박장애' 환자가 10년 사이 60%나 증가했다. 특히 미래에 대한 불안, 경쟁이 몰고 오는 사회적 압박이 젊은이를 물러설 곳 없는 구석으로 몰고 있다. 20대 환자 수는 6,110명(2015년 기준)으로 전체 환자의 약 25%나 됐다. 일부 전문의들은 잠재적 강박장애 환자가 50만 명 이상일 것으로 추정하기도 한다. 강박장애는 선천적 요인 등 복합적 원인으로 발병하지만 한국 사회에서는 환경적 요인이 주요하게 작용하고 있다.

50대, 정말 한창 일할 나이에 갑자기 세상을 떠난 오랜 친구가 있다. 미국에서 내과와 신경과 의사로 일하던 그는 소위 잘나가는 성공한 의사였다. 생각해보면 그 친구는 전형적인 A형이었다. 매사 완벽을 추구했다. 시험에서 한 개라도 틀리면 전전긍긍했다. 의대 시절에는 언제 어디에서 만나더라도 전공서적을 탐독하고 있었고 며칠 밤을 새워 공부하기 일쑤였다. 의사 시험에 통과한 뒤 그는 나라 밖에서 인정받는 내과의사가 되겠다며 미국으로 건너갔다. 의사로서의 성공 뒤엔 자신을 끝까지 밀어붙이는 치열한 노력이 있었다. 그런 그가 갑작스러운 심장마비로 유명을 달리했다는 소식을 들었을 때는 참 허망했다. 아마도 그의 완벽주의 기질이 오랫동안 그의 몸에 영향을 미쳤을 것이다. 보이지 않는 스트레스가 그의 혈관을 조금씩 헐게 했을 것이다. 병을 치료하는 의사가 자신의 병을 인지하지 못하니, '의사도 별거 없구나' 싶었다. 의학적 지식이 풍부한 의사도, 스스로 자신의 성격을 알고 변화시키지 못하면 병은 막을 수 없다. 과도한 음주가 몸에 해롭다는 걸 아무리 다양한 과학적 근거를 바탕으로 설명하더라도, 알코올의 중독성에 빠지면 의사 할아버지더라도 몸의 운명은 어쩔 수 없는 것이다.

내가 A형이라고 판단되면, 자신의 완벽주의 성향을 돌아봐야 한다. 나의 능력 이상의 목표를 세운 것은 아닌지, 지나치게 실패에만 연연하고 있지는 않은지, 다른 사람들을 지나치게 높은 잣대로 평가하고 있지 않은지, 매사 시간에 쫓겨 아등바등하고 있지는 않은지, 화가 자주 나고 짜증스럽지 않은지, 몸 여기저기 불편한 곳은 없는지 살펴야 한다. 그렇다면 어깨 힘을 빼고 부드럽게 자신과 세상을 봐야 한다. 결과보다 과정에서의 즐거움, 우월감보다는 나의 능력을 나누며 만족하는 마음, 실수나 실패를 보듬는 지혜를 갖춘 부드러운 완벽주의자의 모습이 거기에 있다.

낙관적인 B형 :
긍정이 언제나 좋은 것은 아니다

B형은 낙관적이고 긍정적인 성격의 소유자가 많다. 인생을 밝고 희망적으로 바라보며, 앞으로 하는 일이 잘 되어갈 것으로 여긴다. A형과 상반될 정도로 확실히 구별되는 행동을 보인다. 이들은 일을 서두르지 않고 조용히 처리하고 즐거움과 여유를 즐기는 경향이 크다.

예를 들어 낚시여행을 갔을 때 B형인 사람들은 주위 풍경을 감상하고, 함께 온 사람들과 이야기 나누고 즐기느라 정작 고기를 잡는 데는 별 관심이 없다. 큰 물고기를 잡으면 잡는 대로 즐겁고, 고기가 잡히지 않아도 크게 상관하지 않는다. 반면에 오직 '낚시'라는 목표를 가진 A형은 고기를 잡느라 안절부절 못한다. 장시간 고기가 잡히지 않으면 밥맛도 없고 긴장한 채 낚시찌만 바라보고 있다.

골프장에서 A형인 사람들의 특징은 잘 드러난다. A형은 상대방을 이기려는 생각이 강해 항상 긴장하고 치지만, B형은 승부에는 별로 집착하지 않는다. 만약 A형인 사람이 내기 골프를 치면 승부욕 탓에 게임 내내 긴장하고 스트레스를 받아서 몸에 보이지 않는 무리를 줄 가능성이 높다. 즉 평소 공을 칠 때도 우리 몸은 긴장하는데 이때 수축기 혈압이 20~30mmHg 올라간다. A형인 사람이 내기 골프를 칠 때는 혈압이 이보다 더 올라간다. 실제 미국에서는 골프 치는 중에 심장마비가 오는 사람이 꽤 있다. 미국 심장협회에서 TV를 통해, 심혈관계에 이상이 있는 사람들은 골프장에 갈 때 '이동형 심장 세동제거기(defibrillator, 심장박동을 정상으로 만드는 전기충격기)'를 갖고 다니라고 홍보할 정도다.

그러나 B형이 마냥 좋은 것은 아니다. 낙관성이 강하면 나쁜 것을 나쁜 것으로 받아들이지 않고, 좋게만 받아들이려 하는 경향이 있다. 따라서 무엇을 하고자 하는 욕구가 적어 동기부여가 되지 않는다. 일에 대한 추진력, 결과에 대한 책임감이 낮다. 이래도 좋고 저래도 좋다는 식이다. 어떤 일에 악착같이 덤벼 사회적 성공을 이루기 쉽지 않다. B형은 '성격 좋아 보인다' '호인이다'라는 평을 많이 듣지만, 덕분에 사기를 당하기 쉽고 금전적 손해를 보기도 한다.

친구가 운영하던 병원 문을 닫았다. 시쳇말로 망했다. 꽤 큰 규모의 병원이었다. 운영이 잘 될 때는 '허허~' 사람 좋게 웃으면서 친구들을 만나고 돈도 잘 썼다. 그러나 병원 관리하는 데 철저하지 못했다. 직원들이 잘하고 있을 거라는 믿음이 컸다. 천천히 환자가 줄고 어디선가 돈이 새나갔다. 경영은 점점 어려워졌다. B형은 꼼꼼한 A형과 정직한 사람을 만나면 괜찮지만,

그렇지 않은 경우 손해를 크게 입을 수 있다. 게으르거나 혹은 정직하지 않은 파트너들이 일을 소홀히 하고 부정을 저지를 수 있기 때문이다. 아마 A형인 사람이 병원 문을 닫는 지경에 이르면 화병에 걸렸을 것이다. 반면 B형인 친구는 병원을 직접 운영할 때보다 월급 의사를 하는 지금이 더 편하다고 했다. 큰 손해를 봤음에도 언제나 그랬듯 표정이 느긋해 보였다. 오히려 가족과 주위에서 지켜보는 사람이 더 힘들어하고 위로의 말을 건넸지만 정작 친구는 크게 마음 쓰지 않는 눈치였다.

B형의 사람들은 뒤에서 소개할 'E형 인간 닮기'에 관심이 없을 확률이 매우 높다. 스스로 받는 스트레스가 크지 않기에 웬만한 스트레스 자극은 받아들이지 않기 때문이다. 이런 성격은 스트레스 자극을 조화롭게 긍정의 에너지로 사용하기보다 그저 반사시킬 뿐이다. 문제는 주변 사람들이 힘들다는 것이다. 이를테면 B형인 가장의 경우, 직장에서 너무 태평한 나머지 꼼꼼하게 일하지 못할 가능성이 높다. 실수나 잘못에도 별 반응을 보이지 않고, 게다가 개선의 여지를 보이지 않는다면, 직장에서 나쁜 평판을 듣게 되고 결국 오래 일하지 못하게 될 것이다. 직장동료와의 관계도 힘들어지고(정작 본인은 눈치 채지 못할 확률이 높지만), 극단적으로 회사에서 해고당하면 가족만 고생하지 않겠는가.

B형의 긍정적인 모습은 두 가지로 나눌 수 있다. 하나는 비

판 없이 무조건 긍정하는 것이고, 다른 하나는 현실을 개선하려는 의지를 가지고 노력하는 긍정이다. 부정적인 태도보다는 긍정적인 태도가 인생에 좋은 영향을 주지만, 무조건적인 긍정이 바람직한 것만은 아니다. 무조건적인 긍정에는 스트레스 상황을 벗어나 순간적으로 어려움을 모면하고 회피하려는 마음(자기기만)이 숨어 있을 가능성이 있기 때문이다. 비록 현실은 어렵지만, 좌절하지 않고 반드시 이겨내겠다는 생각으로, 또 이겨내기 위해서 내가 할 수 있는 일은 무엇인지 찾아내고 노력하는 것이 진정한 긍정이다. 이것이 B형 성격의 미래지향적인 긍정의 모습이며, 이는 'E형 인간'의 모습과 어느 정도 닮아 있다.

우리에게 널리 알려진 '스톡데일 패러독스Stockdale paradox'는 이러한 예를 잘 보여준다. 미국의 스톡데일 장군은 베트남 전쟁 당시 8년 동안 포로로 잡혀 있었다. 그는 다른 병사들과 수용소에 갇혀 있었지만 그곳에서 살아남았다. 동료 중에 어떤 이들은 공포에 떨며 좌절하고 절망했다. 이들은 쇠약해졌고 하나 둘 쓰러져갔다.

또 어떤 이들은 곧 나갈 수 있을 거라는 막연한 희망을 갖고 있었다. '크리스마스에는 나갈 수 있을 거야', '추수감사절에는 나갈 수 있을 거야', 라고 생각한 막연한 낙관론자들은 추수감사절이 지나고 크리스마스가 지나 그렇게 희망이 무너질 때마다 상심하여 결국 죽음을 맞고 말았다. 그러나 스톡데일은 8년이라는 긴 시간을 견뎌내며 살아남아 고향으로 돌아왔다. 베트남 수용소의 냉혹한 현실, 즉 굶주림과 더위, 비인간적인 현실을 직시하고 강해지자고 마음무장을 했던 스톡데일은 '합리적인 낙관주의자'였다. 그는 무조건적인 희망을 품지 않았고 그렇다고 절망하지 않았던 것이다. 현실의 고통을 인정하면 불행하지만, 합리적 의지를 가지고 미래를 기다린다는 점에서 '모순Paradox'이라고 했다.

착하고 착한 C형 :
남을 위하느라 스스로 상처받다

C형 성격의 'C'는 암을 뜻하는 'cancer'에서 따왔다. 흔히 암에 쉽게 걸리는 유형으로 알려진다. 1981년 캘리포니아 의대의 리디아 테모쇼크Lydia Temashok 교수팀이 피부암의 일종인 흑색종(melanoma) 환자를 대상으로 한 연구에서 처음 발표했다. '개인의 성격과 특정 암에 걸릴 확률이 무관하지 않다'는 주장을 담은 이 연구에서는, '화를 비롯해 감정을 잘 표현하지 못하는 사람들은 백혈구 수가 적고 피부암과 같은 암에 잘 걸린다'고 밝혔다. 흑색종 환자를 대상으로 한 면담을 진행하며 성격을 분석한 결과 '대부분 극단적으로 착한 사람이 많았다'는 것이다.

C형의 특징은 남들이 '나이스nice하다'고 표현하는 사람으로, 희생정신이 강하며 매사 협조적으로 비춰진다. 이들은 참을성이 있고 다른 사람들의 말을 경청하고 원하는 대로 따르려고 노력한다. 이런 모습이 온화하고 부드럽게 보이도록 한다. 한마디로 '좋은 사람'이다. 한편으로는 자기 의견이 없고 매사에 결단성이 부족해 보이는 면도 있다. 스트레스를 주는 환경에 대하여 절망하고 무력한 태도를 보인다. 살다 보면 돌부리에 넘어지기도 하고 세찬 소나기를 맞고 높은 벽이 가로막기도 하는데,

그때마다 쉽게 절망하는 유형이 C형이다.

가장 중요한 특징은 화, 분노 등 부정적인 감정을 겉으로 드러내지 않는다는 것이다. 대신 이를 억누른다. 즉 감정, 특히 두려움이나 분노를 억제하는 경향이 있다. 이런 사람들은 스트레스를 풀지 못하고 쌓아 두게 된다. 당연히 스트레스 호르몬에 의한 면역기능이 줄어들기 마련이다. C형이 암에 쉽게 걸리는 이유는 코르티솔이 과도하게 나오기 때문이다. 코르티솔은 몸의 면역체계를 유지하는 기능을 담당하는데, 과도하게 분비될 경우 오히려 면역이 떨어져 암에 걸릴 확률이 평균 4배가 높아진다.

C형의 경우 '착한 사람 콤플렉스'에 빠지기도 한다. 속된 말로 하면 '호구'가 되는 것이다. 이들은 보이기 위한, 혹은 스스로 '착한 사람 이미지'를 유지해야 한다는 생각에 매여 있다. 사실 그 이미지를 완벽하게 내재화하여 본능적으로 선을 실천하는 사람은 괜찮다. 그 자체를 기쁨으로 받아들이기 때문이다. 타고난, 정말 착한 사람인 것이다.

그런데 속으로는 이건 아닌 것 같다고 생각하면서도 겉으로는 그 감정을 표현 못 하거나 억제하면서, 속과 겉에 모순이 일어나는 경우가 문제다. 이들은 다른 사람에게 자신이 착하고 좋은 사람이라는 걸 어필하기 위해 애쓰는데, 자기 속이 썩어가도 이미지에 먼저 신경 쓰다 보니 참고 견디는 경우가 많다. 또 조직 내에서 진행하던 일이 잘못되거나 안 좋게 흘러가면, 상황을 구체적으로 파악하기보다는 먼저 자신을 탓하는 경향도 크다. 이들은 사회에 잘 적응하는 것처럼 보이지만, 결국 역효과를 만들어낼 확률이 높다. 다른 사람만 의식하고 신경 쓰다 자신에게 소홀하게 되는데, 이에 대한 자책감으로 자신을 비난하기에 이른다. 심해지면 우울증에 걸리고, 면역력 저하로 인한 암에 노출되기도 한다.

지인 중에 전형적인 C형 성격을 가진 분이 있다. 그는 주위에서 부탁하면 거절하지 못했다. 늘 "예"로 답하고 늘 웃었다. 친구들은 어려운 일이 생기면 제일 먼저 그에게 부탁했고, 그는 거절하지 못하고 일을 봐주었다. 그 과정에서 얼마나 스트레스가 많았겠는가. 그는 혼자 마음으로 삭였다. 때로는 거절하지 못하는 자기 성격에 대해 답답함을 느끼면서도 감내했다. 거절하는 데에 대한 두려움 혹은 불편함이 더 싫다고 생각했다. 훗날 그가 위암과 간암으로 치료를 받았다는 이야기를 뒤늦게 듣고, 평소 사람 좋게 웃던 그의 얼굴을 떠올렸다. 그런데 얼마 뒤 그를 만났는데, 무사히 암 치료를 끝냈고 완치 판정을 기다린다고 했다. 이런저런 이야기를 나누던 중 그 역시 자신의 성격에 문제가 있음을 인정하고 그동안 성격을 고치는 데 노력했다고 했다. 사실 성격을 고치기란 불가능하다. A형, C형이 하루아침에 B형이 될 수는 없다. 하지만 성격을 조금 변화시키는 것은 가능하다. 그는 종교에 귀의했다. 종교적 믿음을 가짐으로써 거절하지 못하고 싫은 소리 못하는 자신의 성격을 '희생과 봉사'하는 마음으로 합리적인 긍정성을 부여했던 것이다. 또 종교를 통해 삶을 관조하면서 세상을 크게 바라보고 마음을 정화시켰다. 이 과정에서 과도하게 분비되는 코르티솔을 긍정적 호르몬으로 카운터펀치를 날린 것이다. 그는 두 번의 암치료를 이겨내고 지금도 건강하게 활동하고 있다.

C형 성격이 E형으로 바뀌려면 착한 기질을 내재화해야 한다. 억지로 착한 모습을 보이는 것이 아니라 진심으로 봉사의 기쁨, 감사의 마음을 갖고 살아가는 것이다. 그것이 바로 나쁜 스트레스를 좋은 스트레스로 전환하는 방법이다. 또 자신의 생각을 밖으로 자연스럽게 표현할 수 있어야 한다. 아내와 남편, 혹은 마음 맞는 친구 한 명쯤, 터놓고 이야기할 수 있는 상대를 만드는 것도 방법이다. 자신의 생각을 이야기하는 것은 때론 상당한 스트레스로 다가올 수 있지만, 그 과정에서 전혀 다른 형태의 호르몬 분비가 이뤄질 가능성이 높다.

적대적인 D형 :
세상은 나에게 관대하지 않다

D형 성격은 1996년 벨기에 앤트워프대 요한 데노렛Johan Denollet 교수가 처음 주장했다. 'D'는 나쁜 스트레스를 뜻하는 'distress' 에서 따왔다. 이 유형은 냉소적이고 시니컬한 사람이 많다. 세상에 초탈한 듯 무관심해 보이지만, 분노와 감정을 억누르는 한편 말수가 적다. 정치적으로 극우, 극좌를 택하는 이들 중에는 D형이 많다. D형의 또 다른 특징은 부정적인 감정들, 예를 들어 분노와 불안, 걱정 등을 자주 경험한다는 것이다. 이런 여러 이유 때문에 사회로부터 소외감을 느끼거나 실질적으로 소외 되기도 한다. 그럴수록 타인과의 관계가 소원해지고 적개심과 분노를 더 키우면서 때론 우울증에 빠져들기도 한다.

이 같은 성격은 신체적 균형을 유지하는 데 긍정적일 수 없다. 항상 나쁜 호르몬이 높게 분비되고, 따라서 일찍 사망할 확률이 높다. 40대만 되어도 병이 생긴다. 화, 분노, 불안감을 느끼며 호르몬 변화가 급격히 이루어지는 경우는 혈관 벽에 손상을 주게 되고 오랜 시간 쌓이면서 동맥경화를 유발, 이로 인한 각종 질환을 앓기 때문이다. 반면 과거에 쌓아둔 감정을 반복하여 곱씹는 등 지연 반응을 보이는 경우는 복부비만이나 당뇨병 등

내분비, 대사성 질환이 잘 생긴다. 매사에 무기력하고 의욕이 없는 불충분 반응을 보이는 경우는 만성피로, 알레르기, 아토피 등을 유발한다. 관상동맥 심장병 환자 중 D형 성격 소유자가 그렇지 않은 성격에 비해 사망률이 4배나 높다는 의학계 보고도 있다.

D형은 E형으로 변화하기 위해 가장 많이 노력해야 하는 성격 유형이다. 하지만 D형의 특징으로 볼 때, 건강에 대한 걱정도 별로 하지 않아 의지가 없을 가능성이 높다. 자아가 강한 탓이다. 책을 볼 때도 자기만의 관점이 분명하다. 이런저런 증거를 들이대도 설득하기가 쉽지 않다. 그래서 '나는 D형이구나, 바꿔야겠다'라는 생각조차 별로 하지 않는 것이다.

부정적인 성격의 사람들이 긍정적 태도를 가지려면, 먼저 자신의 부정적인 생각과 행동을 인식해야 한다. 인정해야 바뀌는 법이다. 하지만 쉽지 않다. 가족이나 주위 사람들에게 자신이 화를 잘 내는 사람으로 평가받는다면, 130쪽과 132쪽에 소개된 '적개심 측정법'과 '특성 분노 측정법'으로 살펴보라. 수치가 높게 나온다면, 자신의 성격의 단점을 수용하고 성격 수정에 노력해야 한다.

L씨는 부족함이 없는 사람이었다. 부잣집에서 태어나 경제적 어려움 없이 자랐고, 두뇌가 명석해서 공부도 잘했다. 명문대를 졸업한 뒤에는 모두가 부러워하는 직장에서 일했다. 자연

스럽게 소위 조건 좋은 여자와 결혼했다. 곁에서 보기에는 순탄하고 완벽한 삶이었다. 그런데 모든 것을 갖춘 환경이 그의 성격을 독선적으로 만들었다. L씨는 전형적인 D형이었다. 다른 사람을 믿지 못하고, 고집이 셌으며 경청하지 않았다. 무슨 일이든 자기 뜻대로 되지 않으면 화를 내고 주위 사람들에게 상처를 입혔다. 그러나 시간이 흘러 직장을 그만둔 뒤 벌였던 사업이 실패하고, 부인과의 불화로 이혼까지 했다. 자녀들과의 사이도 소원해졌다. 회복하기 어려운 상처를 입은 그는 당뇨와 허리 디스크까지 얻었다. 그 사이 친구마저 하나둘 떠나고 그는 홀로 외롭게 살고 있다.

L씨는 이 모든 이야기를 털어놓는 동안 줄곧 자신은 잘하려고 했다, 하지만 아무도 도와주지 않았다는 논리를 폈다. 아내의 잘못으로 이혼했고, 자녀들은 배은망덕한 놈들이고, 사기꾼들 때문에 사업에 실패했고…, 자신의 모든 불행은 대한민국이 엉망으로 돌아가기 때문이라고 언성을 높였다. 대화 틈틈이 그의 성격적 문제점을 지적해주었지만, 그는 귀 기울이지 않았다. 그는 변화할 수 있을까. 스스로 깨닫기 전까지는 어려울 것이다. 내가 해준 말이라고는, 지금도 늦지 않았으니 스스로를 좀 돌아보라는 것뿐이었다.

일찍 세상을 떠난 고교동창 K도 D형 성격이었다. 그와 내가 멀어진 결정적인 이유가 있다. 그의 부탁을 받고 어떤 일을 해결해주었는데, K는 오히려 나의 뒷담을 하고 다녔다. K는 학창시절에도 매사 부정적이어서 친구가 많지 않았다. 하지만 학생 때 일이고 앙금은 없었다. 게다가 간절한 그의 부탁을 차마 거절하지 못하고 나의 지인에게 부탁해 일을 해결해주었다. 그러나 물에 빠진 사람 건져주었더니 보따리 내놓으라는 듯, 고맙다는 말은커녕 내가 학연을 이용해 사회에서 특권을 누린다는 투로 소문을 내고 다녔다. 나는 K에게 의사로서 조언했다. 세상을 부정적으로 보지 말고 합리적인 비판을 하되, 네 자신의 성격도 돌아보라고. 그는 언짢게 반응했다. 그러고는 우리 사회에는 나쁜 놈들만 우글거린다는 비난을 쏟아냈다. 자연스럽게 나는 K를 멀리하게 되었고, 세월이 흘러 뜻밖에도 그가 병으로 일찍 세상을 떠났다는 소식을 들었다.

연구에 따르면 우리나라 사람들 가운데 D형 성격이 약 25%에 이른다고 한다. 적지 않은 비율이다. 세상의 모든 일에는 긍정과 부정, 양면성이 있다. 되도록이면 긍정적으로 보되 양쪽을 균형적으로 보는 것이 가장 현명하다. 나쁜 면만 보면 상황을 확대하여 현실을 왜곡할 수 있다. 부정적인 면만 보면 세상은 온통 악으로 가득 차 있을 뿐이다.

■ 표2 ■ D형 성격 평가

	정말 아니다 4점	아니다 3점	보통이다 2점	그렇다 1점	정말 그렇다 0점
1 나는 사람들과 잘 어울린다					
2 낯선 사람과 쉽게 대화를 나눈다					

	정말 아니다 0점	아니다 1점	보통이다 2점	그렇다 3점	정말 그렇다 4점
3 사소한 일에도 신경을 많이 쓴다					
4 자주 불행하다고 느낀다					
5 자주 짜증을 낸다					
6 사교성이 없는 편이다					
7 매사에 부정적이다					
8 다른 사람에게 말 붙이기가 쉽지 않다.					
9 자주 기분이 나쁘다					
10 폐쇄적인 사람이다					
11 사람들과 거리를 두는 편이다					
12 자주 근심 걱정을 하는 편이다					
13 자주 의기소침해 있다					
14 대화 중 무슨 말을 해야 할지 모를 때가 많다					

● 부정성 평가 : 3, 4, 5, 7, 9, 12, 13번
● 사회성 부족 평가 : 1, 2, 6, 8, 10, 11, 14번
● 부정성 평가 점수 합이 10 또는 이상이고, 동시에 사회성 부족 평가
   점수 합이 10 또는 이상일 때 D형 성격으로 파악한다.

● 출처 _ Johan Denollet, Tilburg Univ, The Netherlands (Psychosomatic Medicine 2005)

분노 측정 :
지혜로운 분노는 나를 발전시키는 힘

일반적으로 스트레스 상황에서 부정적인 반응을 보이는 이들은 분노, 불안, 걱정 등을 자주 경험한다. 타인에 대한 분노(적개심)가 강하고 별일 아닌 일에도 자주 절망감을 느낀다. 사실과 다른 일을 자신에게 유리하도록 생각하는 자기기만에 빠지기 쉽고, 예민하게 반응하고, 냉소적이다. 가족 등 주위 사람들로부터 충고를 들어도 귀담아 듣거나 설득당하지 않는다. 왜냐하면 화를 내고 분노하는 데는 스스로 합리적인 이유가 있으며, 다른 사람은 이를 이해하지 못한다고 생각하기 때문이다. 자신 탓이 아니라 주위 환경이 문제라고 생각하는 것이다. 평소 자신이 부정적인 성향이 있다고 느끼거나 다른 사람의 충고에 예민하다고 생각되면, 자신이 타인과의 관계 속에서 적개심(타인에 대한 반감, 분노, 싸우려는 마음)과 분노에 얼마나 노출되어 있는지 살펴보아야 한다. 만일 점수가 높게 나온다면 진지하게 자신의 성격을 돌아보고 변화를 꾀해야 한다.

　적개심 측정은 듀크대 메디컬센터의 행동의학연구센터장인 레드포드 윌리엄스Redford Williams 교수가 개발한 방법이 널리 사용되고 있다. 실제 미국 내에 심장질환과 심리·사회 스트레스의 상관관계를 연구하는 연구소가 열 개 정도 있는 데, 듀크대 메디컬센터는 그 중 한 곳으로 성격, 특히 적개심이 심장 질환에 미치는 연구를 지난 20년 간 해오고 있다. 이 측정법의 질문들은 적개심의 중요 요소인 냉소성, 분노, 공격성 등으로 구성되어 있다.

■ 표 3 ■ **적개심 측정법** (나에게 해당되는 내용은 □ 에 V 표시한다)

냉소성

- □ 마트의 소량 계산대 출구에 섰을 때 앞에 선 사람이 출구 제한 개수를 초과했는지 살피기 위해 앞사람의 카트에 담긴 물건 개수를 센다.
- □ 엘리베이터가 내려오지 않으면 다른 층에서 어떤 사람이 일부러 오래 잡고 있다고 생각한다.
- □ 가족이나 직장동료들이 어떤 일에 실수를 하지 않았는지 자주 확인한다.

분노

- □ 교통이 정체되거나 은행, 마트에서 오래 기다리게 될 때 심장이 두근거리는 경험을 한다.
- □ 조금 일이 잘못되었을 때 소리를 내어 욕을 하고 싶다.
- □ 누가 자신을 비판할 때 바로 화가 난다.

공격성

- □ 엘리베이터가 한 층 위에 서 있을 때 급한 마음에 나도 모르게 엘리베이터 문을 두드린다.
- □ 다른 사람이 자신을 괴롭히면 나중에 갚아줄 궁리를 한다.
- □ TV 뉴스를 보면서 내용에 대해 투덜투덜 소리 내어 불평을 하는 경우가 많다.

• V 표시가 각 분야마다 1개 이상 혹은 전체 합이 4개 이상이면 적개심이 높은 편이다.

각 분야마다 최소 1개 이상씩 '예'라고 대답하거나 전체적으로 4개 또는 그 이상에 '예'라고 대답했다면 적개심 정도가 높다고 판단한다.

분노 지수를 측정하는 방법도 있다. 우리나라에는 '화병(火病, hwa-byung)'이 의학용어로 통용될 만큼 화를 잘 내는 기질이 있다. 보통 불(火)은 분노의 감정과 연결된다. 화는 순간적으로 사그라지기도 하지만, 화병은 오랜 기간 동안 화가 오르내리며 반복적으로 나타나는 특징이 있다. 화병은 스트레스 상황이 주원인이지만 우리 민족의 특수한 문화적 배경이 작용한다. 즉 화를 사회적으로 용납되지 않고, 감정은 드러내지 않고 억눌러야 한다는 전통적 인식 아래 분출되지 못한 화가 억압되고 쌓이면서 병증으로 발현된다.

화병은 '특성 분노(trait anger)'로 분류되는데 화를 자주 오래 내는 특징을 갖는다. 이를 측정하는 '특성분노 측정법(10-item Spielberger Trait Anger Scale)'은 〈표4〉와 같다. 이 측정에서 분노 점수가 22~40 사이면 화를 쉽게 잘 내는 성격 특질(high trait anger), 15~21 사이면 중간 정도, 10~14 사이면 화를 잘 내지 않는 성격이라고 볼 수 있다. 분노점수가 높은 사람들이 낮은 사람들에 비하여 심장병을 일으킬 가능성이 2~3배 높다는 보고가 있다.

최근 화병으로 상담을 받은 사람들 가운데 20~40대 젊은 사람들의 비율이 점점 높아지고 있는 추세이다. 개방적이고 자

▪ 표4 ▪ 특성 분노 측정법10-item Spielberger Trait Anger Scale

평가 등급 / 항목	거의 아님 1점	가끔 2점	자주 3점	거의 항상 4점	스코어
1 참지 못하고 생각 없이 바로 성질을 낸다					
2 불같은 성미를 가지고 있다 (화를 내는 강도가 높음)					
3 자주 화를 낸다 (화를 내는 횟수가 잦음)					
4 다른 사람의 잘못으로 내 일이 지장을 받으면 화가 난다					
5 내가 하는 일을 인정받지 못하면 속이 상한다					
6 격노를 한다					
7 화가 날 때 욕이나 나쁜 말을 쓴다					
8 다른 사람 앞에서 비난 받으면 격분한다					
9 좌절감을 느낄 때는 물건을 던지거나 누군가를 때리고 싶다					
10 일을 잘했는데 나쁜 평가를 받으면 속이 부글부글 끓는다					

분노 점수 결과

스코어 합계

22 ~ 40: 화 ✱✱✱ 15 ~ 21: 화 ✱✱ 10 ~ 14: 화 ✱

유로운 사회문화 속에서 스스로를 적극적으로 방어하기 위한 것으로도 보이지만, 그만큼 젊은이들이 화와 분노 조절에 어려움을 겪고 있음을 반증한다. 분노 조절이 안 될 경우 자신뿐만 아니라 타인에게 치명적인 해를 끼칠 수 있다는 데 큰 문제가 있다. 분노, 화는 인간의 기본적인 감정이다. 그러나 화는 내면 낼수록 더 자주 내게 된다. 분노하고 화를 내는 일이 익숙해지면 스스로도 제어하지 못하는 지경에 이른다. 나아가 과격한 행동, 폭력으로 발전하기도 한다. 인간의 성숙은 분노를 다스리는 것으로 가늠할 수 있다. 분노를 분출하여 분노를 해소시키는 방법도 있지만, 바람직하지 않다. 분노는 대부분 부당한 상황에서 표출되므로, 감정을 쏟아내기보다 합리적인 해결 방법을 찾아 해결하려는 자세가 필요하다. 지혜로운 분노는 오히려 나를 발전시키는 힘이 되기도 한다.

긍정 측정 :
긍정은 불행을 모으지 않는다

지난해 한 자동차 회사가 긍정 지수를 측정하여 기름 값을 깎아주는 마케팅을 벌인다는 기사를 읽었다. 페이스북 등 자신이 쓰고 있는 소셜 미디어를 일정한 프로그램과 연결하면 긍정적인 단어, 긍정적인 이모티콘 사용 빈도 등을 점수로 계산하여 긍정 지수를 산출하는 방식이다. 이렇듯 일상 속에 스며 있는 긍정성을 통해 자신의 성격을 알아볼 수 있다. 내 머리 속에 담긴 어떤 생각은 자신도 모르게 표정과 말, 글, 행동으로 자연스럽게 드러나게 되는 것이다. 한편으로 적개심과 분노가 현재 내가 처한 상황에 대한 측정이라면, 긍정 지수는 다가올 미래를 어떻게 보는가에 관한 예측이 될 수 있다.

분노나 적개심이 높은 경우 당연히 긍정 지수가 낮게 나올 확률이 높다. 그러나 반드시 그런 것만은 아니다. 분노와 적개심 지수가 높게 나와도 미래는 긍정적으로 볼 수 있다. 반대로 적개심과 분노는 없지만 미래를 부정적으로 볼 수 있다. 사실 이런 경우도 많다. 어쩌면 세상에 대한 희망을 잃는다면, 미래에 대한 기대도 현실에 대한 분노도 없다. 반면 현실에 분노하는 사람들 가운데, 그 분노를 바탕으로 더 밝은 미래를 만들 수 있다고 생각하는 사람들도 있다. 따라서 긍정 지수를 통해 성격의 또 다른 측면을 검토해보는 것도 필요하다.

〈표5〉에서 총 합계가 28점 이상이면 매우 낙관적인 사람이라고 할 수 있다. 반대로 6점 이하면 매우 비관적인 경우로 평가할 수 있다.

마음속에 숨어 있는 긍정은 '마음의 탄력'에 빗댈 수 있다. 평소에는 긍정의 효과가 잘 드러나지 않는다. 그러나 뜻하지 않은 일로 부정적인 감정에 빠질 때 오뚝이처럼 긍정적인 생각으로 금방 돌아올 수 있도록 이끈다. 불행을 모아두지 않는 것이다. 좌절하고 힘들고 짜증나고 화가 날 때, 잘 꺼내 쓸 수 있도록 평소 긍정의 생각, 긍정의 말들로 마음을 단련시키는 것, 이 또한 E형 성격을 만들어가는 좋은 방법이다.

긍정 지수 측정법

	정말 그렇다 4점	그렇다 3점	보통이다 2점	아니다 1점	정말 아니다 0점
1 일이 뜻대로 되지 않을 때 모든 일이 잘될 것이라고 믿는다					
2 미래에 대해 많은 계획을 세우고 있다					
3 나쁜 일 보다는 좋은 일이 많이 생길 것이라고 믿는다					
4 아침에 일어나면 오늘 하루가 기대되고 설렌다					

	정말 그렇다 0점	그렇다 1점	보통이다 2점	아니다 3점	정말 아니다 4점
5 일이 잘못되면 그렇게 되기로 예정된 것이라고 인정하는 편이다					
6 무슨 일을 하건 대개 최악의 결과를 떠올린다					
7 좋은 일이 일어날 거라 기대하지 않는 편이다					
8 나의 미래가 그다지 기대되지 않는다					

총합   28점 이상 : 매우 낙관적인 사람
      20~27점 : 낙관주의 성향이 있는 사람
      13~19점 : 낙관적이지도 비관적이지도 않은 사람
      7 ~ 12점 : 비관적인 성향이 있는 사람
      6점 이하 : 매우 비관적인 사람

합계

• 출처 _ 안전보건공단

성격에 따라
다르게 분비되는 호르몬

성격 유형에 따라 분비되는 호르몬 종류가 다르다. A형의 경우 스트레스 자극이 주어지면 아드레날린의 분비가 코르티솔보다 높다. 아드레날린은 혈당 상승, 심장 박출력을 증가시킨다. 사실 아드레날린이 분비됨으로써 스트레스 자극에 대해 보다 강력한 반응이 가능하다. A형의 꼼꼼함과 치밀함, 남들보다 문제를 잘 해결하는 힘은 아드레날린이 분비되면서 촉진된다. 그러나 아드레날린이 과다 분비되면 혈관이 수축되어 혈액 흐름이 막히고 자연적으로 심장에 무리가 오게 된다.

반면 C형은 코르티솔 분비가 과다하게 이뤄진다. 실제 코르티솔은 명확한 판단을 하는 데 도움을 준다. 그러나 이 역시 과도하게 분비되면 오히려 무엇을 선택할지 갈등하는 선택 장애를 일으키는 것과 같은 상황이 일어날 수 있다. 과학적으로 정확하게 입증되지는 않았지만, 과도한 코르티솔의 분비로 생각이 많아지고, 이로 인한 지나친 내적 갈등이 오히려 자신의 감정 혹은 생각을 표출하지 못하고 억누를 수 있다. 모든 걸 마음으로 삭이면서 스트레스 상황은 지속되고, 그 과정에서 코르티솔이 분비되는 악순환이 발생하는 것이다. 실제 스트레스 자극이 주어질 때 바로 분노를 표출하면 아드레날린이 분비가 되지만, 그것을 속으로 삭일 경우 코르티솔이 분비된다. 실제 부정적인 성격의 사람들과 불안 점수가 높은 사람들의 타액을 검사했더니 코르티솔이 높은 것으로 보고되었다. 코르티솔의 농도가 높은 경우 이는 하나의 위험신호로 봐야 한다. 체내 코르티솔 측정과 부정적 성격 점수, 두 가지를 함께 살피는 것은 좋은 진단법이다. 호르몬 측정은 심리평가를 전문으로 하는 임상 또는 건강심리전문가와 상담하면 알 수 있다.

B형은 스트레스 상황에 처하더라도 스트레스 호르몬과 긍정 호르몬 모두 정상적으로 작동한다. 스트레스 상황이 특별한 변화를 만들지 않는 셈이다. 담담하다. 그러나 어떤 스트레스적 상황에서는 스트레스 호르몬이 평소보다 많이 나와야 상황을 빠르게 판단하고 벗어날 수 있다. 급한 일을 처리해야 한다거나 불이 나는 등의 다급한 상황에서는 아드레날린이 많이 나와야 폭발적인 힘을 발휘해 위기에서 벗어날 수 있고, 코르티솔이 분비되어야 상황을 냉정하게 판단할 수 있고, 사이토카인이 분비되어야 면역체계가 긴장감을 가질 수 있다. 호르몬의 순환과 조화로 극복하는 것이다. 그러나 B형은 이 같은 스트레스 호르몬 반응이 낮다. 따라서 고통을 없애기 위해 분비되는 긍정 호르몬이 분비될 때 느끼는 행복감도 충분하지 않아 매사에 맹맹한 반응을 나타낸다.

호르몬 성격 유형	아드레날린	코르티솔	긍정 호르몬 (엔도르핀, 도파민, 세로토닌)
A형	PP	P	N
B형	N	N	N
C형	P	PP	N
D형	PP	PP	N
E형	P/N	P/N	P

● **PP: 아주 많음   P: 약간 많음   N: 보통**

D형의 경우 스트레스 상황에서 아드레날린과 코르티솔 모두 과다 분비된다. 몸에 극히 힘든 상황을 몰고 오는 것이다. 또 자주 분비되는 것도 문제이다. 분노를 폭발하는 과정에서 아드레날린이 분출되고, 상대를 논리적으로 공격하는 과정에서 코르티솔이 과다하게 분비된다. 아무런 준비 없이 갑작스럽게 냉탕과 온탕을 번갈아 오는 셈인 만큼 몸에 무리가 따르게 된다.

성격과 호르몬과 건강, 이 세 가지는 서로 밀접하게 관련되어 있다. 호르몬이 A, B, C, D 유형 성격의 좋고 나쁨을 결정하는 것은 아니다. 다만 호르몬이 적절하게 분비되지 못할 때가 문제가 된다. 호르몬의 적절한 분비는 다르게 말하면 '조화와 균형'이다. 그러나 균형이 적절한 분비량의 절대치를 의미하는 것은 아니다. 일상에서 만나는 스트레스적 상황은 매우 다양하며, 그때마다 어떻게 대처하느냐에 따라 호르몬의 분비가 달라지기 때문이다.

분명한 것은 스트레스 상황이 닥치면 아드레날린이 분비되고 이어 코르티솔이 나오면서, 스트레스 호르몬은 가라앉고 대신 긍정 호르몬이 분비가 되는 것이 가장 이상적이다. 즉 디스트레스를 유스트레스로, 나쁜 스트레스를 좋은 스트레스로 전환하는 것이다. 예를 들면, 일을 힘들게만 생각하면 스트레스 호르몬이 분비되지만, 퇴근 후 영화를 보거나 휴식을 취하는 등 좋아하는 일을 하면 긍정 호르몬이 나오게 되면서, 힘들게만 느껴지던 회사 일을 좀 더 창의적으로 즐겁게 해나갈 수 있게 되는 것이다. 긍정 호르몬으로 빠르게 전환하는 이런 유형이 바로 'E형 성격'이다.

E형 인간의
탄생

주위를 살펴보면, 위험한 상황 속에서 유난히 침착한 사람들이 있다. 새로운 업무를 받았을 때 누군가는 어떻게 해야 하나 쩔쩔매지만 누군가는 잘할 수 있을까라는 불안감에도 상황을 파악하고 이내 여러 방법을 모색한다. 의견 차이로 다툼이 일어나면 누군가는 몹시 기분 나빠하며 비난하지만, 누군가는 기분은 나쁘지만 차근차근 관계를 풀어나가려고 한다. 암 선고를 받고도 누군가는 분노와 좌절 속에서 힘들어하지만, 또 누군가는 두려움을 받아들이며 마음을 다잡는다. 후자의 사람들이야말로 우리가 긍정적 삶의 모델로 꼽는다. 이런 성격 유형이 바로 E형 인간이다.

E형은 한마디로 스트레스 상황을 자신에게 유리한 쪽으로 돌려 생각하는 사람이다. 스트레스 상황이 발생하면 '아이쿠, 큰일 났네' 하면서 아드레날린이 분비되어 불안감과 두려움, 혹은 분노가 일어나지만 곧 '아니야, 괜찮아. 다시 생각해보자' 하면서 즉시 마음을 조절한다. 그러고는 스트레스 상황을 다스리거나 벗어나기 위한 긍정적인 이유들을 찾아내 동기부여를 한다. 스트레스 상황을 그대로 놔두면 시간이 흐를수록 안 좋은

방향으로 흘러가지만, 긍정적인 동기부여로 스트레스 호르몬은 조금 나오다가 곧 사라진다. 따라서 마음은 평안해지고 몸에는 큰 영향을 끼치지 않게 된다.

그러나 E형으로 성격을 변화시키기 위해 우리 몸에서 무작정 긍정 호르몬인 엔도르핀을 나오도록 해서는 안 된다. 내부의 힘을 활용하여 호르몬의 균형을 만들어내는 것이 바람직하다. 즉 성격을 조금만 바꿈으로써 호르몬 분비를 조절한다고 보면 된다. 이는 성격을 완전히 바꾸는 것이 아니라 약간의 생각 전환만으로 가능하다. 마치 중심에서 반걸음만 옆으로 옮겨 걸어도 최종 목적지가 달라지는 것과 같은 이치이다.

또 E형은 어떤 특별한 사람만이 가지는 성격적 특성이 아니다. 신체적 특징처럼 타고나지 않는다. A형에서 D형까지 각 성격에서 마음가짐을 조금만 전환하면 된다. 인간의 성격은 타고나는 것이 50%이고, 약 10%는 성장 과정에서 형성된다. 나머지 약 40% 정도가 통제할 수 있는 부분이다. 혹자는 '성격을 개조하면 인생에서 성공할 수 있다'고 한다. 그러나 이 전제는 잘못되었다. 세상에서 말하는 성공이 부와 명성을 말한다면, 부와 명성을 이루기 위한 공식화된 성격은 없기 때문이다. 게다가 성격을 하루아침에 완전히 바꿀 수는 없다. 세 살 버릇 여든까지 간다는 속담에서 보듯 타고난 본성은 뿌리가 깊고, 부모로부터 유전되어 태어날 때 갖고 나온 것이다. 그러나 우리에게 여전히 스스로 바꿀 수 있는 40%가 있다. 그리고 40% 전부를 E형 성격으로 채울 필요는 없다. 그 가운데 절반 정도만 E형 성격의 유형을 닮으려 노력하면 된다. 그렇게 변화된 성격만으로도 우리는 충만한 삶을 살 수 있다. 매사 만족하고 편안하고 건강한 삶이야말로 성공한 삶이 아닐까.

뛰어난 실력에도 불구하고 작은 병원의 월급쟁이 의사로 일하는 친구가 있다. 친구는 전형적인 A형 완벽주의자이다. 환자를 진찰할 때도 꼼꼼하게 살피고 질문하고 의문이 생기면 수없이 자료를 뒤적이며 진료를 하다 보니 그의 진료는 거의 실수가 없다. 그런 성격 탓에 일찌감치 고혈압으로 고생하고 있다. 다른 사람이 볼 때는 유능한 의사이지만, 그는 항상 긴장 속에서 살아가고 있는 셈이다. 개업을 하거나 큰 병원에서 일하면 더 많은 환자들을 볼 수 있고, 명성과 경제적 부를 얻을 수 있다. 아마도 그는 스트레스를 덜 받기 위해 월급쟁이 의사를 선택했을 것이다. 나름대로 자신의 성격을 파악한 것이다. 그러나 성격이 변하지 않는 한, 큰 병원에서 일하건 작은 병원에서 일하건 똑같은 스트레스를 받게 된다. 여전히 그는 작은 병원에서도 완벽주의적인 성격 탓에 고혈압의 위험에 노출된 채 살아가고 있는 것이다. 만약 친구가 성격을 조금이라도 변화시켜 스트레스에 유연하게 반응한다면, 어디에서 일하건 간에 건강하고 즐겁게 일할 수 있지 않을까.

한편으로는 단지 스트레스를 덜 받기 위해 자신이 가진 능력보다 더 낮은 단계에 머무르며 만족하는 친구를 보면 아쉬운 생각이 든다. 같은 의사로서 느끼는 아쉬움이다. 소극적인 방어보다 적극적인 방어, 즉 E형 성격을 닮으려고 한다면 자신의 삶을 발전시키는 것은 물론 사회적으로도 더 많은 사람들에게 이익이 되는 일을 할 수 있기 때문이다.

누가 E형 성격을
닮아야 하는가

앞에서 성격의 여러 유형을 다양하게 분석하는 방법을 알아보았다. 그러면서 그와 대비되는 E형 성격에 대해서도 설명했다. 그렇다면 특히 어떤 사람들이 E형을 닮아야 하는가. 먼저 성격은 매우 복합적이고 복잡하다는 것을 알아야 한다. 각 유형이 정확하게 맞아 떨어지는 이들은 거의 없다. 경우에 따라서는 A, B, C, D, E형 성격이 복합적으로 나타날 수 있다. 나도 몰랐던, 혹은 잠재되어 있던 성격이 어떤 상황과 조건에 반응하며 표출되는 것이다.

우선 알로스타시스 부적응 유형(74쪽)의 생리적 반응에서 살펴본 결과를 바탕으로 보는 것이 좋다. 알로스타시스 부적응 유형은 스트레스 자극을 받고 균형점을 찾아가는 데 어려움이 있는 유형을 분석한 것이므로, 이것을 참고해 자신이 스트레스에 얼마나 민감한지 혹은 부적응을 하고 있는지 파악해볼 수 있을 것이다.

스스로 직접 성격을 진단할 수 있는 'A/B 스코어링' 결과 (108쪽)에서 A/B 점수가 160 이상인 고점수 A형 성격과 A/B 점수가 100점 이하인 전형적인 B형 성격이 E형 닮기를 시도해

E형 닮기를 권하는 대상

- **A/B 스코어링 점수가 160~200** (고점수 A형 성격)
- **A/B 점수가 100 이하** (전형적인 B형 성격)
- **C형 성향이 높은 사람**
- **D형 성격 점수 : 부정성향 평가 점수와 사회성 부족 평가 점수가 각각 10점 이상인 사람**
- **적개심 측정에서 점수가 높게 나온 사람**
- **분노 척도에서 높은 점수** (22~40) **인 사람**
- **긍정 지수에서 비관적 성향으로 평가된 사람**

야 한다. 아울러 C형 성향이 높은 사람과 D형 점수가 높은 사람도 마찬가지다. 특히 D형의 경우 부정성향 평가 점수와 사회성 부족 평가 점수(128쪽)가 각각 10점 이상이면 E형으로의 전환 시도를 진지하게 모색해야 한다. 더불어 적개심 측정(130쪽)과 분노 척도 측정(132쪽)에서 점수가 높게 나온 경우, 긍정 지수(134쪽)에서 비관적 성향으로 평가된 사람도 마찬가지다.

이 가운데 하나 이상의 경우에 해당된다면 E형 성격이 되려고 노력해야 한다. E형 성격을 가진 사람들은 사람들과 관계를 맺고 유지하는 데 어려움이 없다. 가족, 친구, 동료들과 원만하게 잘 지내면 몸과 마음이 안정되고 삶에 대한 만족도가 높아진다. 인생의 행복을 결정하는 조건으로 우리는 일의 성취, 건강, 장수를 꼽는다. E형 성격을 닮으려는 노력은 행복에 보다 가깝게 다가서는 길이다. 행복한 사람이 되기로 결심하는 것에서 비로소 행복은 시작한다. 몸이 건강해지려고 운동을 하는 것과 같은 마음의 운동이 'E형 성격 닮기'이다.

5

**E형 인간,
미래의
온전한
성격**

●

E형 성격은 곧 삶을 받아들이는 태도이다.
무엇을 이루겠다는 인생 목표를 세우기 전에
긍정, 감사, 배려 등 삶의 태도를 미리 세우고
인생 기차를 타고 간다면,
소소한 행복의 역을 거쳐 진정한 휴식의
종착역에 도착한다.

비관도 낙관도 하지 않음으로써
긍정에 이르는 E형 인간

워싱턴대 토머스 홈스Thomas Holmes와 리처드 라헤Richard Rahe 교수가 고안한 '생활 스트레스 지수'는 일상에서 경험한 사건들이 얼마나 스트레스로 작용하고 있는지 진단하는 방법이다. 43가지의 일상 가운데 스트레스를 가장 많이 받는 일은 배우자의 죽음과 이혼이다. 그밖에 사고나 질병, 가족과의 불화, 퇴직, 해고, 이사, 할부금, 이직, 월급 감소, 부족한 잠, 음식, 교통 위반 등이 스트레스를 주는 일로 분류되어 있다. 하지만 이런 일들은 누구나 일상에서 겪는 일이다. 우리가 꿈꾸는 한없이 편안하고 걱정 없는 삶, 스트레스 없는 삶은 없다. 그것은 죽고 난 뒤에야 가능할까.

일상의 스트레스에 어떻게 반응하고 맞이할지 매 순간순간 선택하면서 우리는 각자 주어진 삶을 살아간다. E형 인간은 한마디로 정의하면, 나쁜 스트레스를 좋은 스트레스로 바꾸는 능력을 가진 사람이다. 많은 이들이 스포츠를 인생과 비교하는데, 나는 곧잘 골프에 인생을 빗대어 이야기하곤 한다. 한 걸음씩 내딛으며 목표를 향해 공을 몰고 가는 길, 그 과정에서 헤쳐가야 하는 난관들은 꼭 우리 삶의 모습과 닮았다. 선수마다 그 어려움을 어떻게 넘기느냐가 골프 관람의 포인트이기도 하다. 골프선수들은 한결같이 '골프는 기술이 뛰어나기보다 멘탈이 강해야 한다'고 입을 모은다. 그들이 중요하게 생각하는 훈련이 바로 '멘탈 트레이닝'이다. 위기 때 흔들리지 않고 침착하게 제 실력을 발휘하도록 하기 위해 평소에 연습을 하는 것이다.

골프계의 살아있는 전설 잭 니클라우스는 말했다. "나는 머릿속에 확실한 그림을 그리지 않은 상태에서 단 한 번도 샷을 한 적이 없다. 그림을 통해 공이 어디에서 멈추기를 바라는지, 경로와 궤도 그리고 어떻게 페어웨이에 안착할지 본다. 또한 어떻게 스윙을 하면 그러한 샷을 만들어낼지 볼 수 있다. 그 모든 그림을 머릿속으로 확인한 뒤에야 나는 공 앞에 선다."

또 타이거 우즈는 이렇게 말했다. "나는 모든 대회에서 우승하지는 못한다. 그러나 나는 나에게 그런 능력이 있다고 믿는다." 세계적인 골프 선수들의 멘탈 트레이닝법이다. 우리 삶도 마찬가지이다. 인생의 어려움은 언제 나에게 닥칠지 알 수 없다. 그 일을 피하는 데 골몰하거나 오지 않기를 막연하게 기대하기보다 평소 마음의 맷집을 키워야 한다.

'E형 인간 닮기'는 일상에서 마음의 맷집을 키우는 것이라고 할 수 있다. 예기치 않은 일로 스트레스를 받는 순간 솟아오르는 화, 분노, 두려움, 좌절감, 긴장감, 부끄러움 등 다양한 '위기의 반응'에 머물지 않고, 생각을 긍정적으로 빠르게 전환시키는 연습이다.

내가 'E형 인간'에 대한 연구를 시작한 것은 모교인 가톨릭 의대에서 정년퇴임하고 노인요양병원에서 근무하면서다. 그곳에는 죽음을 기다리는 노인들이 많다. 어떤 때는 일주일에 한두 명이 세상을 떠나기도 한다. 어제까지 침대에 누워 나와 이야기를 나누던 분이 다음날 숨을 거두어 텅 빈 침대를 보노라면 마음이 무겁기만 하다. 노년에 이른 나 또한 삶이 얼마 남지 않았다는 생각이 들기 때문이다. 그러나 곧 '열심히 살았으니 후회는 없다. 이만하면 충분하다!'고 생각하면 한결 마음이 밝아진다. 이것이 내일 다가올지 모르는 '죽음'을 향해 한 방 날리는 나만의 'E형 성격' 연습법이다.

노인병원에서 환자들을 지켜보면서 나는 두 부류의 사람들이 있음을 알게 되었다. 병과 죽음에 의연하고 담담하게 대처하는 이들과 고통에 신음하고 괴로워하며 몹시 힘들어하는 이들이다. 통증과 죽음에 대한 공포, 그리고 가족과 떨어져 지내야하는 외로움, 그들이 처한 현실은 절망 그 자체이다. 그런데 왜비슷한 상황에서 서로 다른 모습을 보이는 것일까. 그들을 관찰하고 이런저런 이야기를 나누면서 몇 가지 특이한 점을 발견했다. 첫째. 의연하고 담담하게 병을 이겨내는 분들도 고통이 없는 것은 아니라는 것. 그들 모두 죽음의 공포와 불안은 똑같았고 통증도 고통스럽기는 마찬가지였다.

그러나 그들은 이 같은 죽음의 공포와 고통을 순간순간 극복한다. 24시간 통증과 죽음에 대한 두려움이 계속되는 것은 아니다. 그런 생각이 들 때마다, 즉 '아, 나는 곧 죽겠지. 죽음 너머에는 무엇이 있을까?'라는 생각이 드는 순간 '내가 여든 살까지 살았다는 것은 정말 기적이야. 전쟁 때 죽어간 동무들이 얼마나 많은가'라는 식으로 생각을 전환하여 얼른 그 기분에서 빠져나오는 것이다. 이런 생각은 곧 마음에 틈을 주고 다른 데에 눈길을 주게 한다. 내 고통과 고민에서 벗어나면 간호사가 보이고 의사도 보이고 가족도 보이는 것이다. 나의 부끄러운 몸을 돌봐주는 간호사도 고맙고, 자신처럼 나이가 든 의사를 보고 건강하라고 덕담하고, 자주 못 온다고 서운하게 여긴 자녀들이 눈물겹게 느껴지는 것이다.

이러한 사람들을 E형 인간으로 명명하고, 좀 더 자세하게 그들의 삶을 살펴보았다. 어떤 이들은 병과 죽음을 계기로 E형 성격으로 변하기도 했고, 또 평생 E형 성격으로 살아온 이들도 더러 있었다. 여하튼 이들이 인생의 끝에서 보여준 모습은 우리에게 어떻게 살아야 하는가에 대한 지혜를 전해준다. 젊은 날부터 E형 인간으로 살아왔다면 우리의 삶은 좀 더 수월해지지 않았을까, 싶은 것이다.

E형 성격의 특징 1
전화위복

지난해 브라질 리우올림픽 펜싱 에페 결승전을 흥미롭게 지켜보았다. 결승 진출자는 헝가리 선수와 우리나라 박상영 선수. 세계랭킹 3위인 헝가리 선수와의 대결은 녹록치 않았다. 박 선수는 긴장한 탓에 실력을 제대로 발휘하지 못했고, 점수는 10대 14로 몰렸다. 15점을 얻는 선수가 이기는 상황이었다. 한 점만 더 내주면 금메달을 놓치는 절체절명의 순간, 박 선수의 몸 상태는 아마도 스트레스가 최고조에 이르렀을 것이다. 여기에서 스트레스 호르몬이 과도하게 분비되면 게임을 패할 가능성이 높아진다. 사실 이 정도 점수 차이면 선수나 관중 모두 졌다고 생각한다.

그러나 그즈음 카메라가 비춘 박 선수는 의자에 앉아 무슨 말인가를 끊임없이 중얼거리고 있었다. 바로 '할 수 있다'는 주문이었다. 곧 이어 경기는 재개되었고, 박 선수는 한 점 한 점 점수를 따라가며 15대 14로 기어이 역전에 성공했다. 116년 세계 펜싱 역사상 최연소 금메달리스트가 되는 대기록이었다.

사실 박상영 선수가 출전한 에페 종목은 키가 크고 팔이 길어야 유리하다. 신체조건이 불리한 동양 선수가 메달을 따기 쉽지 않은 분야다. 그럼에도 불구하고 이겼다. 지고 있었으나 어느 순간 '나는 할 수 있다. 나는 할 수 있다'는 주문을 걸었다. 주문은 통했다. E형 인간의 가장 큰 특징은 바로 이것이다. 지고 있을 때 포기하지 않고 '할 수 있다'는 강력한 자신감을 발동시킨다. 극한의 스트레스 상황에서 '할 수 있다'고 동기부여를 하는 순간 호르몬 분비가 변화된다. 스트레스에 무너지지 않고, 물꼬를 정반대로 틀어 나쁜 스트레스를 좋은 스트레스로 전환시키는 것이다. 위기 상황에서 대역전을 만들어 내는 'E형 인간'의 사례는 스포츠 분야에서 도드라지게 주목을 받지만, 우리 일상에서도 찾아볼 수 있다.

동기부여와 더불어 긍정적인 생각도 전화위복에 절대적인 영향을 준다. 나는 전형적인 A형 인간이다. 학창시절, 그날 배운 공부는 그날 다 이해를 해야 한다는 생각으로 늘 늦게까지 책상에 앉아 있었다. 집안의 기대를 한 몸에 받았던 나는 당연히 우리나라 최고의 대학에 가야 한다는 강박이 있었다. S대 공대 시험을 보던 날, 첫 문제에서 딱 걸렸다. 답이 보이지 않았다. 이 경우 보통 다음 문제부터 푸는데, 나는 그러지 못했다. 풀어야 한다고 생각했고 계속 문제를 붙들고 있으니 불안감은 커졌다. 그 바람에 시간을 너무 많이 까먹었고 시험은 엉망이 되었다. 결국 시험에서 떨어졌다. 나보다 실력이 아래인 친구들도 다 합격했는데 나만 떨어졌다는 심한 자괴감이 몰려왔다.

나의 불합격 소식에 주변의 많은 분이 놀라워하며 위로를 해주었다. 그러나 아버지는 달랐다. 오히려 '시험에 떨어져서 잘됐다'고 하면서, 공대보다는 의대에 기질이 맞는 것 같으니 후기전형에서 의대를 지원해보라고 하셨다(어쩌면 아버지가 전형적인 E형 인간이었던 것 같다). 그러나 후기로 지원한 의대는 전기에서 아슬아슬하게 떨어진 학생들이 전부 몰려드는 상황이어서 사실 S대 공대보다 경쟁이 더 치열했다. 하지만 재수를 결심한 나는 아버지의 부탁에 마지못해 시험이나 보자는 심정으로 심드렁하게 시험장으로 갔다. 그런데 뜻밖에도 좋은 성적으로 합격! 전혀 긴장하지 않고 시험을 본 결과였다.

나는 재수를 결심했는데, 어떻게 해야 할지 당황스러웠다. 가만 생각해보니, 나의 적성을 염두에 두고 목표를 세운 것이 아니라 단지 최고의 대학에 지원하여 주위의 인정을 받는 것을 더 중요하게 생각했다는 것을 알았다. S대에 떨어진 것을 불행하게 여기기보다 이 기회에 나의 적성을 진지하게 고민해보자는 생각이 들었고 결국 의대를 선택했다. 내내 불합격한 생각에만 매여 있었다면 완벽주의적인 성격으로 인해 아마도 큰 상처를 남기지 않았을까. 그리고 삶은 조금 더 어려워졌을지도 모른다. 내가 의사의 길을 성공적으로 걸어올 수 있었던 데는, 청년시절 시험에 떨어진 뒤 차선을 택했던 나를 끊임없이 긍정했기 때문이다. 긍정적인 생각으로의 빠른 전환, E형 인간이 가진 가장 큰 특징이다.

　살면서 모든 일에 긍정적으로 생각하고 행동하기는 쉽지 않다. 긍정적인 생각이 반드시 성공한 삶을 보장하지는 않는다. 그러나 중요한 것은 각자 자신에게 처해진 삶을 긍정적으로 받아들이고, 자신감을 일으키는 것이다. 실수하지 않으려 애쓰기보다 실수에서 배우면서 나아가겠다는 것, 그것이 진정한 긍정이다.

달의 뒷면을 보는 눈

'긍정적으로 생각하라'는 말만큼 우리가 자주 듣는 충고가 있을까. 긍정적인 생각이 마치 만병통치약처럼 쓰이기도 한다. 그러나 '좋은 게 좋다'는 식의 긍정적인 생각은 오래 가지 못한다. '긍정적인 생각'의 기초는 세상의 양면성을 이해하는 데 있다. 모든 사물에는 두 가지 면이 공존한다. 그 자체로는 좋고 나쁨이 아니지만, 우리가 받아들이기에 따라 좋은 면, 나쁜 면이라고 구분한다.

　자신은 별 개성이 없다고, 스스로를 낮춰 보는 사람이 있다. 개성의 있고 없음, 그 자체로는 좋다 나쁘다를 말할 수 없다. 그러나 자신이 생각하기에 개성 있는 사람이 좋다고 느끼면 상대적으로 자신은 그보다 못한 사람이 되는 것이다. 하지만 개성이 없어서 오히려 득이 되는 면이 분명히 있다. 남과 잘 어울리는 것이다. 사실 개성적인 사람은 자기주장이 분명해서 다른 사람과 쉽게 어울리지 못하고 때로는 부딪히기도 한다. 심리학자들의 연구에 따르면, 성격과 외모가 중간쯤 되는 사람이 사회에 쉽게 적응하고, 낯선 사람에게 마음을 잘 연다고 한다. 다른 사람의 개성을 막연히 부러워하기보다 자신의 성격이 가진 장점을 보는 것이 진정한 긍정이다. 그러다 보면 개성은 그 사람만의 매력이라는 사실을 보게 될 것이다.

내성적이지만 일 처리가 꼼꼼한 분이 있다. 그는 소심하고 숫기가 없고 남 앞에서 이야기 못하는 성격이 마음에 들지 않는다고 토로한다. 성격을 외향적으로 바꾸고 싶다고 한다. 그러나 내성적인 성격이 사는 데 불리하다는 생각은 잘못된 것이다. 꼼꼼하게 일을 잘한다고 평가받는 것은 내성적인 성격에 기인한다. 이런 긍정성을 빼고, 부정적인 면만 보는 것은 자존감을 떨어뜨리고 열등감에 빠지게 한다. 나에게 불리한 쪽만 바라보는 습관이 몸에 배면, 위기의 순간 긍정의 에너지를 확 쏟아부어야 할 때 머뭇거리게 된다. 다시 말해, 긍정적으로 생각하기란 한쪽 면이 아니라 양쪽 면을 보고 판단하는 것이다.

1980년대 베를린 장벽이 무너지기 전, 독일 보건 관계자들이 동독과 서독 어린이의 건강상태를 비교했다. 경제적으로 부유한 서독 아이들이 건강이 더 좋을 것으로 예상했지만 결과는 달랐다. 위생 상태가 좋은 서독 아이들의 알레르기 발생률이 동독 아이들보다 높았다. 영국에서는 생후 1년 동안 병균과 자주 접촉한 아이들이 그렇지 않은 아이들보다 백혈병에 덜 걸렸다는 조사 보고도 있다. 이런 맥락에서 깨끗하고 위생적인 식당에서 먹는 식사가 반드시 건강에 더 좋은 것은 아니다. 허름한 식당에서 먹는 덜 위생적인 음식들이 우리도 모르게 몸의 저항력을 키워줄 수 있는 것이다. 깨끗하지 못한 식당이 건강을 위한 예방접종 장소가 되는 셈이다. '위생 가설'은 어린 시절에 감염균이나 장내 세균 또는 기생충 등에 노출되는 기회가 적은 아이들은 자연적으로 형성되는 면역체계가 억제되어 알레르기 질환 천식 등이 발병할 확률이 높다는 것이다. 아이들이 코를 후비고 손톱을 깨무는 행동도 오히려 면역력을 키워준다는 발표도 있다. 깨끗함이 반드시 좋은 것은 아니다. 의학계에서 찾아본 역설적인 사례이지만, 삶의 곳곳에는 늘 이렇듯 각각의 긍정성과 부정성이 상존한다. 어느 한쪽이 100% 전부를 지배할 수는 없다.

새옹지마란 말이 있듯이 오늘의 불행이 내일의 긍정이 될 수도 있다. 예컨대 지구 온난화는 무조건 나쁘다고 생각한다. 온난화로 극지방 빙하가 녹아 해수면이 상승하고, 생태계에 교란이 발생하기 때문이다. 온난화 방지를 위해 이산화탄소 배출을 줄이고 화석 연료 사용을 자제하기 위해 전 세계가 똘똘 뭉

치고 있다. 그러나 온난화의 부정적인 면이 동시에 그것을 중화하는 에너지를 뿜어낸다. 온난화가 장점을 만들어내는 것이다. 역설적이게도 그 중 하나가 화석 연료의 사용 감소이다. 겨울이 따뜻해지면서 난방연료 사용이 줄었다. 정부의 한 연구기관은 "온난화 덕분에 따뜻한 겨울의 경제적 이익이 더운 여름철 전력소비 증가에 따른 손해보다 크다"는 분석도 내놓았다. 지구온난화는 나무들이 쑥쑥 자라도록 돕기도 한다. 미국 스미스소니언 환경연구소는 "온화해진 기후와 대기 중 이산화탄소량의 증가로 북반구 나무들이 예전보다 서너 배 빠르게 자라고 있다"고 발표했다.

인간이 산업화를 통해 대량의 이산화탄소를 배출하여 온난화가 발생했지만, 따뜻한 온도와 풍부한 이산화탄소는 나무를 잘 클 수 있는 에너지를 공급하고 있다. 그리고 나무는 다시 산소를 뱉어내면서 생태계가 숨 쉴 공간을 넓혀주고 있다. 이것이 세상의 입체적 현실이다.

세상에 절대 진리는 없고, 무조건적인 믿음 역시 정답이 아니다. 달의 뒷면처럼 보이지 않는 절반을 읽을 때 '지구 온난화는 무조건 나쁘다', '대체 에너지는 언제나 좋다'와 같은 상식적 명제를 보다 객관적으로 볼 수 있으며 전혀 다른, 그리고 보다 현명한 대안을 만들 수 있고 세상을 긍정적으로 볼 수 있다.

장미꽃에 가시가 있어 불편할 수 있고, 가시에도 불구하고 피어난 장미꽃이 더 아름답게 느껴질 수 있다. 정원에 핀 장미는 하나의 사물일 뿐이지만 누군가는 가시에 집중하고, 누군가는 꽃에 집중한다. 무엇에 집중하느냐에 따라 우리 몸의 호르몬 분비도 달라진다. E형 인간이 되기 위해서는 가시보다는 꽃에 집중해 장미를 보는 습관이 필요하다.

믿는 사람에게만 나타나는 힘

그런데 긍정은 단지 힘든 시간을 버티게 하는 것에서 그치지 않는다. 때로는 멋진 해결책도 제시한다. 실패와 좌절에도 희망의 끈을 놓지 않으면 신기하게 길이 나타나는 것이다. 1991년 미국 서부 예술인들이 모여 사는 '이스트베이'라는 마을에 큰 불이 났다. 100여 명의 화가와 조각가의 작품이 순식간에 잿더미가 되었다. 많은 사람들이 넋을 잃고 좌절했다. 조각가인 헝거도 평생 그린 200여 점의 작품을 잃었다. 그런데 다른 사람이 절망의 밤을 보낼 때, 그는 '불탄 나무와 금속'을 재료로 새로운 작품을 만들었다. 그의 행동은 동료 예술인의 창작욕을 자극했고, 마을은 순식간에 생기를 되찾았다. 사람들은 잿더미로 새로운 예술을 창조하기 시작했고, 1년 뒤 '화재 예술전'을 개최해 전 세계를 감동시켰다. 헝거의 긍정은 좌절을 아무도 가보지 않은 새로운 시작의 출발점으로 극적으로 탈바꿈한 것이다.

일본 아오모리 현은 사과 산지로 유명하다. 어느 해 태풍이 불어 사과가 익기도 전에 떨어졌다. 가을까지 가지에 붙어 있는 사과는 손에 꼽을 정도였다. 과수원 주인은 엄청난 손해를 감수해야 했다. 그런데 그들은 사과 1알을 10만 원에 파는 깜짝 놀랄 길을 찾는다. 고3 수험생을 둔 부모에게 '행운이 담긴 사과'로 포장하여 판매했는데, 태풍에도 굳게 버틴 사과가 대학 시험에 절대 떨어지지 않게 해줄 수 있다는 홍보가 통한 것이다. 그 결과 과수원 주인은 오히려 풍작이 들었을 때보다 더 많은 돈을 벌었다. 전화위복은 이런 때 사용하는 말이다.

세상이 신기한 것은 하늘이 무너져도 늘 솟아날 구멍이 있다는 점이다. 물론 그 구멍은 눈감은 사람에겐 나타나지 않고 믿고 찾는 사람에게만 보인다. 이것은 머리가 뛰어나고 창의력이 있어야 발견할 수 있는 것은 아니다. 있다고 믿는 사람만이 찾을 수 있다. 모두가 안 된다는 그 지점에서 답을 찾으면 어떤 답이라도 찾을 수 있다.

이를 우리 몸의 과학적 근거로 풀어보면, 호르몬에서 답을 찾을 수 있다. 스트레스 호르몬이 불균형하게 분비되는 것이 멈추고 정상적으로 돌아가기 때문이다. 보다 영민한 판단을 위해 코르티솔이 분비되고, 모든 게 잘 해결될 것이라는 긍정적 믿음이 엔도르핀과 옥시토신의 분비를 촉진한다. 자신감이 생기면서 도파민의 분비도 증가한다. 뇌의 기능이 활성화되고, 신체가 정상적으로 돌아가면서 사물을 보다 합리적이고 객관적으로 동시에 냉철하고 긍정적으로 판단할 수 있게 되는 것이다. 그 과정에서 풀기 어렵다고 하는 문제도 해결된다. 간절한 믿음이 문제 해결의 답을 찾게 해주는 것이다.

일본의 어떤 성 앞에 높이가 3m에 이르는 큰 돌이 있었다. 성주는 돌을 치우기 위해 사람을 알아보았지만 대가가 너무 적어 아무도 나서지 않았다. 인부 열댓 명이 수레에 싣고 멀리 갖다 버리려면 그 돈 갖고는 어림도 없었다. 그때 어떤 사람이 성주가 제시한 대가의 반만 받고 돌을 치우겠다고 했다. 그러자 이번엔 성주가 심술을 부렸다. 하루 만에 돌을 치우되, 만약 실패하면 목숨을 내놓으라고 했다. 사람들은 그 일이 불가능하다고 생각했다.

돌은 어떻게 되었을까. 놀랍게도 이튿날 돌은 성 앞에서 사라졌다. 돌 바로 옆에 돌보다 더 큰 구덩이를 파낸 뒤 지렛대로 돌을 구멍 안으로 밀어 넣었던 것이다. 돌을 치울 수 있다는 간절한 믿음이 발상의 전환으로 이어지고 마침내 해결 방안이 떠오른 것이다. 거대한 돌을 사라지게 한 또 하나의 구멍은 원래는 없었지만, 간절한 믿음이 그 길을 찾도록 했다. 긍정의 믿음은 우리가 예측할 수 없는 힘이다. 보이지 않는 그 힘은 어쨌든 믿는 사람에게만 나타난다.

주문을 거는 사람들

사실 무한 긍정주의자들의 일화는 너무나 많다. 철강왕 앤드루 카네기 사무실 한쪽 벽에는 커다란 그림 하나가 일생 동안 걸려 있었다. 썰물 때 빠져나가지 못해 모래사장에 버려진 작은 배 사진이다. 무척 절망스럽고 처절한 그림이다. 그런데 그림 밑에는 '반드시 밀물이 온다'는 글귀가 조그맣게 쓰여 있었다. 카네기는 힘들 때마다 그림을 보며 미래를 긍정했다고 한다.

경영의 신으로 불리는 마쓰시타 고노스케 역시 "나는 단 한 번도 실패한 적이 없다"며 "실패한 곳에서 포기하면 실패지만 성공할 때까지 밀고 가면 실패가 아니다"라고 말한다. 빌 게이츠는 "실패로 인한 중압감 때문에 나는 일에 손도 대지 못하고 의기소침해질 수도 있었다. 그러나 나는 오히려 새로운 도전에 흥분했고, 어떤 식으로 오늘의 나쁜 소식을 활용해 내일의 문제를 해결할 수 있을까 궁리했다"고 말한다. 그들은 결국 한 번도 실패하지 않아 운 좋은 사람이 아니다. 포기하지 않고 미래를 믿고 끝까지 노력했기에 원하는 것을 성취할 수 있었다. 실패에 짓눌려 좌절하기보다 이를 바탕으로 일어서겠다고 마음가짐을 바꾸는 순간, 우리 몸엔 엔도르핀이 돌기 시작하고, 그 믿음을 사실로 받아들이고 현실화하는 옥시토신이 분비된다.

머피의 법칙은 주변 일들이 자신에게 늘 불리하게 돌아간다는 이론이다. 내가 건너가야 하는 길마다 빨간불이 들어오고,

기다리는 택시는 길 건너에서 무수히 지나간다. 소풍날엔 비가 오고 시험 문제는 내가 공부하지 않은 부분에서 나온다. 일이 풀리지 않고 꼬이기만 하는 것 같은 이런 일은 누구나 경험한다. 그 반대가 샐리의 법칙이다. 내가 하려는 일들이 술술 잘 풀린다는 의미다. 두 개의 법칙에 관해 아주대 이민규 교수는 재미있는 실험을 했다. 긍정성 검사를 한 후 각 성격마다 샐리와 머피의 법칙 중 어디에 더 많이 지배받는지 물어본 것이다.

그 결과 긍정적인 성격을 가진 사람의 71.4%가 자신은 샐리의 법칙에 지배받는다고 답했다. 반면에 비관적 성향의 사람은 86.9%가 머피의 법칙에 지배받는다고 했다. 즉 낙관적 성격은 샐리의 법칙에 익숙해서 자신은 늘 운이 좋은 사람이라고 생각한다. 반면 머피의 법칙에 익숙한 부정적 성격의 소유자는 자신은 늘 재수가 없다고 생각하는 것이다.

세상의 일은 앞에서 말한 것처럼 긍정적인 면과 부정적인 면이 있다. 좋은 일이 있으면, 그만큼 나쁜 일도 존재한다. 긍정적이고 좋은 일이 생기면 그것대로 즐거워하고, 부정적인 일이 닥치면 그것의 긍정적 이면을 보거나 혹은 이 불행이 더 큰 행운의 시발점이 될 수 있다고 생각하는 것이 좋다. 그래야 몸과 마음에 좋은 에너지가 증가한다. 그 에너지가 인생을 바꿀 수 있고 즐거움과 행복, 나아가 장수하는 삶으로 이끌 수 있다. 결국 '운'도 세상을 긍정 혹은 부정적으로 보느냐가 정하는 것이다. 긍정하면 운이 있고, 부정하면 운은 따르지 않는다.

따라서 '나는 운이 좋은 사람'이라고 생각하면 당연히 샐리의 법칙에 지배받을 확률이 높아진다. 몸의 호르몬도 균형을 잡아가기 쉽고, 스트레스 호르몬에 지배받지 않는다. 주변 모든 일이 자기를 중심으로 움직인다고 믿는다. 반면 운이 나빠 실패했다고 말하는 사람은 머피의 법칙이 자신을 감싸고 있다며 비관에 빠지기 일쑤다. 당연히 호르몬의 분비도 균형점을 잃어버리는 방향으로 진행될 가능성이 높다.

한 가지 더, '안 좋은 일은 왜 나에게만 일어나는가'라는 머피의 법칙은 단지 심리적인 것만을 뜻하지 않는다. 머피의 법칙은 인과관계에 연결되어 있다. 예를 들면 바쁜 출근 시간에 지하철을 놓치고 연이어 갈아타는 버스도 놓치게 되고 서둘러 걷다가 발목이 삐끗해서 절뚝거리며 결국 지각을 하고 상사에게 꾸중을 듣는다고 했을 때, '아, 나는 되는 일이 없어!'라고 생각한다. 그러나 아침에 늦잠만 자지 않았더라면 나에게 일어났던 나쁜 일은 일어나지 않을 확률이 높아진다. '아, 나는 되는 일이 없어!'라고 생각하기 전에 '10분만 일찍 일어났더라면 이런 일이 일어나지 않았을 텐데…. 내일은 늦잠 자지 말자'라는 합리적인 생각을 해야 더 이상 부정적인 생각에 빠지지 않게 되는 것이다.

앞에서 이야기한 카네기, 고노스케, 빌 게이츠 역시 막연한 긍정만으로 그와 같은 성취를 이룬 것은 아니다. 합리적인 긍정과 노력이 더해진 결과이다. 박상영 선수가 기적 같은 승리를 한 것도 꾸준한 노력이 뒷받침되었다. 헝가리 선수와 경기를 치러 금메달을 딴 뒤 그는 이렇게 말했다. "막다른 골목에 몰렸지만 이길 수 있다고 좋은 쪽으로 생각했어요. 내 인생은 그동안 어려운 상황이 많았는데, 그럴 때마다 긍정의 힘으로 이겨냈거든요."

그의 말처럼 박 선수는 어려운 환경 탓에 제대로 된 장비 없이 주위의 도움으로 펜싱을 했고, 연이은 무릎 부상에도 불굴의 투지로 연습을 거듭했던 전력이 있다. 그는 또 말했다. "저는 모든 훈련이나 경기 때마다 '할 수 있다'고 주문을 거는 것이 습관이 되어 있습니다."

이러한 전화위복의 계기를 마련하는 자기암시는 과학적인 증명이 뒷받침한다. 2007년 미국 플로리다주립대 심리학과 로이 바우마이스터Roy F. Baumeister 교수는 뇌 과학과 인지과학, 실험심리학을 동원한 연구를 통해 자기암시가 학습탄력성(가소성 plasticity)을 높여 의지를 강하게 만들 수 있다는 연구 결과를 발표했다. 그는 《Willpower》(한국어판 《의지력의 재발견》)에서 '강한 의지는 타고나는 것이 아니라 운동선수가 근육을 기르듯 훈련을 통해 만들어진다. 자기암시를 반복하는 사람은 그렇지 않은 사람보다 습관을 고치거나 목표를 이루는 데 강한 의지를 보인다'고 말했다.

E형의 특징 2
감사

E형의 두 번째 특징은 감사할 줄 안다는 것이다. '감사'는 삶을 긍정적으로 보는 것 이상의 의미가 있다. 감사할 수 없는 상황, 즉 스트레스를 받는 상황에서 감사하는 마음을 갖는 것이기 때문이다. 불안정하고 힘들고 고통스러울 때 '감사'를 떠올리는 것은 매우 어렵기에, 평소 감사하는 습관을 들이는 것이 중요하다. 그러나 일상의 소소한 일에 감사하는 것 역시 쉽지 않다. 늘 비슷한 생활이 이어지니 매사 그러려니 하고 살아가기 때문이다. 그래서 의도적인 연습이 필요하다.

오랜 만에 만난 친구들과 북한산 등산을 하기로 했다. 광화문에서 만나 북한산행 버스를 기다리는데 한 친구가 푸념을 늘어놓는다.

"야, 빌딩이 높기도 하다. 어떤 사람은 저런 빌딩에서 월세 받아 살고, 나는 평생 이 나이까지 개고생하고 있네."

친구는 전형적인 D형이다. 머리가 좋고 똑똑해서 좋은 대학을 졸업했지만, 늘 이런저런 불만이 많았다. 묵묵히 들어주고 있으려니 친구는 온갖 이야기를 풀어 놓았다. 적은 월급에 아이들은 커가고 갈수록 삶이 힘들다, 지방에서 사니까 남들처럼 아이 교육도 제대로 못 시키고 있다, 주식 투자로 돈을 잃었는데 이게 다 작전 세력 때문이다……, 비난은 점점 커져 사회에 대한 온갖 불만이 쏟아져 나왔다. 산을 오르는 내내 친구의 푸념을 듣느라 다들 곤혹스러운 눈치였다. 드디어 북한산 정상에 다다랐다. 날아갈 듯 시원했다. 발밑에 펼쳐진 서울 풍경을 내려다보면서 친구 한 명이 올라오는 내내 불평을 쏟아내던 친구를 향해 말했다.

"아까 광화문에서 봤던 빌딩을 엄지손가락으로 가려봐. 그렇게 큰 빌딩도 멀리서 보면 엄지손가락보다 작잖아. 재벌회장과 비교하면 내 삶이 가난하고 팍팍해 보이지만, 우리보다 어려운 사람을 생각해보면 감사하게 되는 거지. 그래도 너는 보통 사람보다 월급도 많이 받고, 직장에서 높은 자리에 앉아 있잖아. 비록 네가 젊은 시절 꿈꾼 것보다 지금 상황이 못할지라도 누군가에게는 부러운 자리야. 그 정도면 충분히 감사하지 않을까."

그 순간 내 마음이 환하게 밝아졌다. 이 친구야말로 전형적인 E형이다.

어느 날 병원 화장실에서 청소 아주머니와 마주쳤다. 평소 지저분한 화장실을 깨끗하게 해주는 그분들에게 고마운 마음을 갖고 있던 터라 말 한마디라도 따뜻하게 해드리는 편이다. 그날도 "고생이 많습니다"라고 인사를 건넸더니, 아주머니가

환하게 웃으면서 대답했다.

"아니에요. 제가 감사합니다. 이렇게 일을 할 수 있으니까요. 지저분한 화장실이 깨끗해지는 걸 보면 제 마음이 다 후련해집니다."

그 순간 나는 깜짝 놀랐다. 나의 직업이 의사이지만, 사람 몸 속의 염증이나 병균을 깨끗하게 없앤다는 점에서 청소 아주머니와 의사가 다를 게 무언가 싶었던 것이다. 요즘 한창 '적폐 청산'을 외치는 정치인들 본질적으로 '청소부'가 되겠다는 뜻이 아니겠는가. 직업의 좋고 나쁨은 인간의 머릿속에만 있는 것이다.

어떤 직업이건 스트레스를 받는 것은 마찬가지이다. 사회적인 잣대로 좋은 직업이라고 해서 스트레스가 덜한 것은 아니다. 각자의 직업에서 받는 스트레스를 어떻게 받아들이고 해결하느냐에 따라 직업에 대한 만족도가 달라지고, 삶의 태도와 행복의 좌우된다. 셰익스피어가 레스토랑에 식사하러 갔을 때 청소하던 젊은이가 탄식하듯 말했다.

"같은 사람인데 선생님은 존경을 받고 저는 청소부에 불과합니다."

그러자 셰익스피어가 말했다.

"자네는 빗자루를 들고 신께서 만든 우주의 한 부분을 아름답게 만들고 있는 거야. 나는 펜을 들었을 뿐, 자네나 나나 신이 보시기에는 똑같은 직업을 가지고 있는 것이라네."

이렇게 감사하는 마음을 갖는 순간, 호르몬의 변화가 일어난다. 스트레스 호르몬인 코르티솔과 아드레날린의 분비가 줄어들고 긍정 호르몬인 엔도르핀이 증가된다. 자연스럽게 내 몸에 쌓인 스트레스는 빠져나간다.

긍정심리학자인 로버트 이먼스Robert Emmons는 1980년대부터 감사와 우리 몸의 관계를 연구해왔다. 그는 실험자들을 세 그룹으로 나누고 한 그룹을 감사 반응이 일어나도록 하고 다른 그룹은 불평을 유발시켰다. 나머지는 대조 그룹으로 아무 감정도 일으키지 않도록 했다. 10주간의 실험 결과, 감사 그룹은 대조 그룹보다 건강 문제가 없었고, 다른 그룹에 비해 행복 감도 25% 더 높았다. 감사 그룹이 매일 잠도 잘 자고 감정의 기복이 없었던 반면 불평 그룹은 짜증이 늘고 집중력이 떨어지고 일에 대한 만족도도 떨어졌다. 이먼스 교수는《Thanks!: How Practicing Gratitude Can Make You Happier》(한국어판《Thanks! 마음을 여는 감사의 발견》)에서 말했다.

"감사는 기쁨을 준다. 감사는 기분을 좋게 만든다. 감사는 어떤 동기를 불러일으킨다. 감사를 느낄 때 사람은 행복을 다른 사람과 나누고 싶어 하는 마음이 생긴다."

살아남은 말기암 환자들의 특징

아주 작은 일에도 감사하는 마음을 가지면 일상에서 갈등과 불만, 두려움이 사라진다. 두뇌 속 긍정 호르몬의 증가로 어둠이 빛으로 덮인다. 밝아진다. 또한 무엇에든 만족하기에 겸손하며, 거만해지지 않도록 막아준다. 삶이 선사한 조그만 선물에도 기뻐하게 만든다.

의학적으로 '감사'가 심장이나 몸 그리고 정서에 좋은 반응을 일으킨다는 임상 결과도 많이 있다. 심장 박동이 느려지고, 혈압이 떨어지며, 소화 작용을 촉진한다는 것이다. 또한 마음이 평온해지고, 스트레스가 감소되며, 면역계의 활동도 증가하는 것으로 나타났다. 감사하는 마음은 어떤 사실을 인식하고 해석하는 태도를 변화시킨다. 그리고 사건이나 상황에 대응하는 자세가 달라지면서 세상이나 사람들의 반응도 달라진다.

우선 가장 먼저 할 일은 감사하는 마음의 발목을 잡는 요인들을 하나씩 없애는 것이다. 힘들고 고통스러운 현실에서 무엇을 감사하라는 말인가, 그런 마음을 가라앉혀야 한다. 감사한다고 달라질 게 없다는 부정적 생각에도 변화가 필요하다. 사람들은 자주 푸념한다. "도대체 감사할 게 있어야 감사하지." 그러나 세상을 긍정적으로 보면 감사할 일이 아주 많다.

영국의 정치가 올리버 크롬웰은 식사를 하기 전에 늘 이렇게 기도했다고 한다. "하느님, 어떤 사람은 음식이 있어도 먹지 못하고 어떤 사람은 먹고 싶어도 음식이 없는데, 저는 맛있게 음식을 먹을 수 있으니 감사합니다." 날마다 먹는 식사도 감사의 대상으로 충분하다. 그리고 무엇보다 감사는 타인을 위한 것이 아니라 나 자신을 위한 것이다. 지금까지 불평하던 것을 감사한 마음으로 받아들이면, 당연하게 여겨지던 일에 대해서도 감사하게 되고, 나에게 닥친 불행까지도 감사하는 마음으로 받아들일 자세가 마련된다.

우리는 흔히 감사를 당연히 고마워해야 할 일에 대한 반응이라고 생각한다. 감사할 일이 따로 있다는 것이다. 혹은 수준 높은 사람의 고상한 태도이기에, 나 같은 평범한 사람은 가질 필요가 없다고 생각하기도 한다. 그러면 결국 감사할 일이 없기에 감사할 이유가 없다는 결론을 내리게 된다. 그러나 감사는 내 삶에 대한 근본 태도이고, 내 삶과 내 주변에서 일어나는 나를 향한 일들에 대한 존중이다. 이는 곧 나와 내 삶이 존중을 받는 것이다.

우리는 오히려 불행한 일을 겪은 뒤에 삶에 대해 감사하기 시작하는 분들을 만나곤 한다. 의사로 일하면서 나는 이런 경우를 자주 목격했다. 위암에 걸려 큰 수술을 받았던 환자와 이런저런 대화를 나누던 중 이런 말을 들었다.

"예전에는 세상이 온통 불만으로 가득했는데, 병을 앓고 나니 세상에 감사할 일투성이에요. 예전에 남들은 비싼 소고기 먹는데 우리집은 삼겹살 밖에 먹지 못한다고 불평하곤 했는데, 이제는 음식을 먹을 수 있다는 사실만으로 얼마나 감사한지 모릅니다."

그 환자는 성격 유형으로 볼 때 D형이면서도 A형이었다. 성취에 대한 높은 욕구가 있었고, 늘 긴장된 상태에서 많은 일을 하려고 했고 완벽하게 하려고 했다. 일이 원하는 대로 풀리지 않자 이런저런 불만이 쌓여갔다. 늘 얼굴을 찌푸리고, 투정부리면 툭 하면 가족과 주변사람들에게 화부터 냈다고 한다. 그랬던 사람이 아프고 나서 바뀐 것이다. 그는 말했다.

"돌이켜보니 내가 생각하는 100%에는 이르지 못했지만 80% 정도는 이룬 것 같아요. 그 80%에 감사할 줄 모르고, 이루지 못한 20%에 매달려 화내고 조급해하고 괴로워하면서 나 자신과 주변을 닦달했습니다. 그게 병의 원인이었던 것 같아요."

그 말을 들으며, 그가 E형 성격으로 바뀌고 있음을 감지했다. 이런 변화는 몸의 회복을 돕는다. 호르몬 분비가 균형을 이루며 암의 재발을 막는 데 결정적인 역할을 한다. 사실 병의 치료보다 중요한 것은 병을 회복하고 난 뒤의 삶이 변해야 한다는 데 있다. 암을 치료하고 나서 생활습관과 생각이 변하지 않으면 또다시 같은 위험에 노출된다. 집 안을 청소한 뒤 깨끗해졌다고 방치하면 얼마 지나지 않아 다시 지저분해지는 것과 같다. 늘 정기적으로 청소를 해주어야 하는데, 그것이 가능하려면 청소가 고통이 아닌 기쁨이 되어야 한다. 여기에 건강한 몸으로 내 방을 스스로 청소할 수 있다는 사실에 감사하는 마음도 필요하다.

보통 말기암 환자는 모두 몇 개월 안에 죽을 것이라고 예상하지만, 주위에는 말기암을 이겨내고 10년 이상 평범하게 살아가는 사람들도 많다. 그들의 공통점을 관찰한 결과 한결같이 낙천적이고 매사에 감사하고 긍정적으로 생각하고 있었다. 우리 몸이 마음에 지배된다는 사실을 단적으로 보여주는 예이다.

감사하는 순간부터 인생은 바뀐다

올봄 TV에서 건강 프로그램을 보는데, 내가 연구 중인 'E형 성격'과 비슷한 주제를 다루고 있었다. 감사와 긍정적인 마음이 건강한 삶을 만든다는 내용이다. 특히 출연자 가운데 다혈질에 욱하는 성격으로 가정과 직장에서 충돌이 잦았던 40대 후반의 남성 이야기가 기억에 남는다. 그는 3년간 일상의 사소한 일에 감사를 느끼고 가족들에게 감사 편지를 쓰기 시작하면서 삶이 달라졌다고 고백했다. 동료들과 사이가 돈독해지면서 직장생활이 즐거워지고 무엇보다 가족관계가 회복되어 아내 그리고 아이들과 함께 하는 일상의 행복을 깨닫게 됐다고 한다.

장애가 있는 아들을 키우고 있는 중년의 남자는 돌아가신 어머니에게 감사한 이유 1,000가지를 적으면서, 자신이 자녀에게 정말 좋은 아버지가 되어주고 있는지 스스로 돌아보게 되었다고 했다. 자녀의 장애에 대한 속상함과 죄책감을 털어버리고 오롯이 자녀를 사랑하게 된 것이다. 신문기자로 일하는 30대 딸과 50대 후반인 그녀의 어머니 이야기도 눈길을 끌었다. 둘은 우연히 쓰기 시작한 감사 일기로 인해 엄청난 변화를 체험했다고 한다. 오랫동안 갈등하며 서로를 원망하던 모녀 관계가 회복된 것은 물론 만성 골수성 백혈병으로 시한부 선고까지 받았던 병세가 놀라울 정도로 회복된 것이다.

감사의 힘이 얼마나 놀라운지 보여주는 예이다. 감사는 나에게 어떤 이로움을 주는 것에 대한 감정이 아니다. 늘 당연하다고 생각했던 것들에 대한 감사가 진정한 감사이다. 올리버 크롬웰이 날마다 식사 시간에 올린 기도는 신에게 올린 것이지만, 굳이 신을 향할 필요도 없다. 일용할 양식에는 하느님 이전에, 이른 봄부터 수확하기까지 고생한 농부와 그렇게 거둔 쌀을 도정하고, 도시의 마트 진열대까지 갖다 놓기 위해 땀을 흘린 사람들의 노동이 있다. 그리고 맛있는 밥을 지은 아내의 노고까지. 밥 한 그릇이 식탁 위에 오르기까지 수많은 사람들의 노고를 생각하면 감사한 마음이 절로 든다. 감사는 거기서 끝나지 않는다. 내가 많은 사람으로부터 보호받고 도움받고 사랑받고 있음을 알게 되면 아내의 잔소리가 고맙고, 건강한 아이들이 고마워진다. 감사는 짧은 순간이지만 '불균형' 해지려는 마음에 카운터펀치를 날려 균형을 찾게 해준다.

권투에서 선수가 카운터펀치를 날리는 시간은 짧다. 순간적으로 이뤄진다. 그러나 승부를 결정짓는 중요한 역할을 한다. E형 인간은 이렇듯 무척 짧지만 삶에서 중요한 카운터펀치를 날리는 시간을 포착하는 사람들이다. 그리고 그 짧은 시간이 어딘가 불만스러웠던 인생에 큰 변화를 몰고 온다. 감사의 마음을 가짐으로써 해묵은 분노가 해결되고, 가족과 사랑하는 사람과의 관계를 새롭게 다지며 승진을 경험하고, 자부심을 회복하고, 건강을 향상시키게 된다. 감사의 힘이 만든 놀라운 변화이다. 감사는 의욕만으로 되지 않는다. 세수하듯 일상에서 날마다 해야 하는 습관으로 길들여야 한다.

감사가 만드는 신체의 변화

감사가 가진 치유력에 관한 캘리포니아대 폴 밀스Paul Mills 교수의 연구는 의학계뿐만 아니라 일반인에게도 널리 알려진 사실이다. 심부전 환자들에게 감사 일기를 쓰게 한 뒤 정신적 신체적 변화를 측정했는데, 그 결과 감사 일기를 쓴 집단이 통상적인 치료만 했던 그룹에 비해 심혈관 질환의 원인이 되는 염증 수치가 크게 낮아진 것으로 나타났다.

감사하는 마음이 질병 치료에 도움이 되는 이유는 뇌의 활동과 관련이 있다. 감사함을 느끼는 순간 뇌의 측두엽 가운데 사회적 관계 형성과 연관된 부분과 쾌락 중추가 상호 작용하면서 도파민, 세로토닌, 엔도르핀 등 소위 긍정 호르몬의 분비를 촉진한다. 이를 통해 심장 박동과 혈압이 안정되고 근육이 이완되면서 행복감이 솟아난다.

조지 부시 대통령 당시 미국 최초의 흑인 국무장관을 지낸 콜린 파월은 뉴욕 빈민가 출신이다. 어린 시절부터 돈을 벌어야 했던 그는 아르바이트로 도랑 파는 일을 했다. 하루는 같이 일하던 인부 중의 한 사람이 회사가 노동력을 착취하고 있다고 불평했는데, 정작 그 인부는 게으름을 피우며 대충 일했다. 그런데 바로 옆에는 비슷한 연령의 남자가 동료의 불평 속에서도 묵묵히 흙을 파고 있었다. 몇 해가 지난 뒤 파월이 다시 그곳으로 아르바이트하러 갔을 때 예전에 불평하던 사람은 여전히 불만을 늘어놓고 있었고, 열심히 일하던 분은 지게차를 운전하고 있었다. 또 여러 해가 흘러 다시 그곳을 찾았을 때, 불평하던 분은 원인 모를 병에 걸려 퇴직한 뒤였다. 그런데 놀랍게도 그 옆에서 열심히 일하던 사람은 그 공장의 사장이 되어 있었다. 콜린에게는 큰 교훈이 된 일이었다.

끊임없이 불평하는 사람은 신체적으로도 영향을 받는다. 호르몬이 불균형하게 유지되면서 지속적으로 조금씩 신체 곳곳이 손상된다. 스트레스 반응이 만성이 되면 고혈압, 당뇨, 소화기 질환, 비만 등 몸 전반에 악영향을 미치고 결국 큰 병으로 이어질 가능성이 높아진다. 반면 감사는 힘들고 고되고 어려운 순간이더라도 '카운터펀치'를 날릴 수 있는 긍정 호르몬을 분비하면서 몸의 균형을 유지하며 행복감을 증가시킨다. 안정적인 몸은 힘들고 어려운 상황에도 견딜 수 있는 힘을 주고, 보이지 않는 좋은 기운을 끌어당긴다.

일본 마쓰시다 전기의 창업자 마쓰시다 고노스케 회장 역시 일찍이 감사의 위력을 간파했던 사람이다. 그는 "감옥과 수도원의 공통점은 세상과 고립되어 있다는 점이다. 다른 게 있다면 불평하느냐 감사하느냐의 차이다. 감옥이라도 감사하면 수도원이 될 수 있다"고 말했다. 결국 현실은 모든 사람에게 동일하다. 그러나 현실이 감옥이 되느냐, 아니면 수도원이 되느냐는 내 마음의 움직임에 달려있다. 감사의 마음이 호르몬 분비의 균형을 잡아주어 평정심을 느끼게 하면 감옥에서도 행복감을 느낄 수 있게 된다.

'행복은 감사의 문으로 들어온다'는 서양 속담이 있지만, 이는 단순한 격언이 아니라 명백한 과학적 사실이다. 지금 당장 감사할 일을 찾아보고 감사함을 느껴보라. 마음이 차분해지는 것을 느낄 것이다. 이는 감사를 생각하는 순간, 호르몬이 제자리를 찾아가며 혈액이 잘 순환하기 때문이다. 평소 소화가 잘되지 않은 나는 언젠가부터 식사 때마다 감사 기도를 꼭 올린다. 그러고 난 뒤에는 확실히 좋아졌다. 위장의 혈액 순환이 잘 되고 위의 기능이 활발해진 탓이다. 소화가 잘 되니 마음이 편안해지고 일에도 잘 집중하고 주위 사람과 감정적으로 부딪히지 않는다. 하나의 감사가 꼬리를 물고 다른 일상에도 좋은 영향을 미친 것이다. 하나의 감사만으로도 행복이 충분히 뒤따른다.

E형의 특징 3
배려

1억 원이란 큰돈이 생기면 어떻게 하겠는가. 보통 사람은 집을 사거나 여행을 하겠다는 등 자신을 위해 쓸 생각을 한다. 그런데 그 돈을 의미 있는 일, 남을 돕는 데 쓰는 이들이 있다. 그들 가운데는 익명으로 기부하는 이들도 있다. 전 세계 불우아동을 돕는 유니세프 한국지부 아너스 클럽은 기부금 1억 원을 내야 가입할 수 있다. 현재 가입 회원이 130여 명인데 이들 중 익명 기부자가 3~4명 정도 된다고 한다. 그야말로 '존경과 명예'의 대가마저 바라지 않는 순수한 기부이다. 해마다 겨울이면 전주의 한 동사무소에 불우이웃돕기 성금 5천만 원을 보내는 사람도 있는데, 그 역시 이름을 전혀 알 수 없다.

일상에서는 어떤가. 일찍 출근해 다용도실에서 내 컵만 닦는 것이 아니라 동료들의 컵도 자진해서 닦아주는 이들이 있다. 차 때가 묻은 컵은 수세미로 싹싹 깨끗이 닦는다. 기분이 좋다. 컵의 주인이 누구건 중요하지 않다. 누군가의 칭찬을 들으려는 것은 아니다. 고맙다는 인사를 들으려 했다면 동료들이 다용도실에 들락날락 할 때 설거지를 했을 것이다. 단지 내 컵을 닦다 보니 쌓여 있는 동료의 컵도 외면하지 못하고 자동적으로 씻게 된 것뿐이다.

이런 사람들이 E형 인간이다. 자신을 드러내지 않고 다른 사람을 위해 귀한 것, 시간, 정성, 재물 등을 내놓는 행위는 아무나 할 수 없다. 이들은 칭찬과 존경, 사회적 찬사를 받지 못하지만 대신 그보다 더 귀한 선물을 받는다. 그 선물은 몸에서 즐거운 호르몬인 엔도르핀, 세로토닌, 도파민이 나와 충만한 행복감을 느낀다는 점이다. 남모르게 기부하고 멀찍이서 지켜보는 사람이 느끼는 행복감은 이름을 공개하고 기부하는 것보다 10~20배 더 높다는 유명한 연구가 있다. 교회나 사찰에 이름없이 기부하는 것도 비슷하다. 어떻게 그 돈이 쓰이는지 모르지만, 아무것도 바라지 않고 오로지 누군가를 돕는다는 행위에서 느끼는 기쁨과 즐거움은 매우 크다. 엔도르핀의 분비되면서 마음은 어둠 속에 불을 켠 것처럼 환해진다. 베풂의 기쁨은 호르몬의 영향이다.

배려는 남을 도와주거나 보살펴주려는 마음이다. 아무것도 바라지 않지만 그러나 균형을 지향하는 세상은 내가 한 만큼 보상을 받는다. 경제학자이기 전에 윤리학자였던 아담 스미스는 '이기적 행위가 이타적 결과를 만들고, 이타적 행위는 이기적 결과를 만든다'는 명언을 남겼다. 단적인 예로, 기업인의 이윤추구는 이기적이지만 결과적으로 많은 사람들이 가정을 꾸려가게 하는 반면 정치인은 늘 나라와 민족을 위해 일한다며 이타

적 발언을 쏟아내지만 결국 이기적인 존재임이 만천하에 드러
난다고 통찰한 바 있다.

보통 이기심과 이타심은 정반대에 있다고 본다. 그러나 진
정한 이타심은 이기심과 같은 궤를 이룬다. 나만을 위한 이기
적인 생각은 다른 사람에게 피해를 주고, 결국 나와 타인 모두
에게 손해를 끼치지만, 남을 향한 이타심은 다시 나에게로 돌아
와 이익이 된다. 대가 없는 기부에는 보통 사람은 알 수 없는 기
쁨과 즐거움, 삶의 만족도 상승 등 더 큰 대가가 숨어 있다. 결국
남을 위한 배려는 나의 행복으로 돌아오며, E형 인간은 이를 본
능적으로 알고 있다고 볼 수 있다. 중국의 격언에 이런 말이 있
다. E형 인간의 모습이 마지막 구절에 담겨 있다.

한 시간 동안 행복해지고 싶으면 낮잠을 자라.
하루 동안 행복해지고 싶다면 낚시를 하라.
한 달 동안 행복해지고 싶다면 결혼을 하라.
일 년 동안 행복해지고 싶다면 재산을 물려받으라.
평생 행복해지고 싶다면 누군가를 도와주라.

누군가를 기쁘게 한 마음은 반드시 돌아온다

내 삶이 팍팍해 남을 배려할 여유가 없다고 말하는 이들도 있
다. 그러나 배려는 일부러 시간을 내서 하는 것이 아니다. 늘 몸

에 배어 있어 행동과 말로 드러난다. 예컨대 지하철에서 앉고 싶은 마음이 굴뚝같아도 몸이 불편한 사람을 위해 일어서는 것이 배려다. 상점에 들어가면서 뒷사람을 위해 문을 잠시 잡아주는 것도 배려다. 나는 자장면을 먹고 싶지만 아내가 파스타를 먹고 싶은 눈치를 보이면 그대로 따라가 주는 것도 배려. 비록 자장면을 먹지 못해 아쉽지만 아내가 좋아하는 모습을 보는 순간 내 마음에 더 큰 기쁨이 찾아온다. 이쯤 되면 자장면이든 파스타든 중요하지 않다. 기뻐하는 아내의 얼굴을 보는 대가로 내 몸에 사랑의 도파민이 더 많이 돌면 그것만큼 행복한 게 어디 있으랴.

칠십이 넘은 나는 누가 봐도 노인이지만, 지하철에서 웬만하면 자리에 앉지 않는다. 노인이니까 꼭 자리에 앉아야 한다고 생각하지 않는다. 회사에서 10시간 넘게 일하며 파김치가 된 중년의 직장인이 오히려 자리에 앉아야 마땅하다고 생각하기도 한다. 그들이 나에게 자리를 양보하려고 하면 나는 사양한다. 이것도 배려이다. 나는 서서 가지만 기분은 좋다. 몸은 조금 힘들어도 내 몸에선 그보다 10배 더 많은 엔도르핀과 옥시토신, 인내의 호르몬인 가바가 분비되고 있기 때문이다. 사실 서서 가는 것이 건강에도 좋다. 아직 자리에 앉아야 할 만큼 허리가 아프거나 무릎이 약하지 않다는 사실도 감사하기만 하다.

배려를 나의 희생으로 받아들이는 한 실천하기 어렵다. 희생이라고 생각하면, 지하철에서 서서 가는 것이 굉장히 힘들고 더 큰 스트레스 상황을 만든다. 그러나 그것이 나를 위한 행위이고 사회를 조금 더 밝게 만드는 일이라는 마음가짐을 갖게 되면, 좋은 스트레스로 바뀌는 희열을 경험할 수 있다. 이렇게 배려에 익숙해지면서 우리는 E형 인간이 되어간다. 자주 가는 식당 주인은 아침에 청소할 때 이웃 상점 앞까지 빗자루로 깨끗이 쓸곤 한다. 왜 사서 남 좋은 일 하느냐고 물었더니 주인은 '그러면 기분 좋게 하루를 시작할 수 있다'고 답했다. 그 기분을 아는 것이 바로 E형 인간이다.

진수성찬이 천국과 지옥에 차려졌다. 그리고 사람들에게 아주 긴 숟가락이 주어졌다. 그런데 천국에 있는 사람들은 성찬을 맛있게 먹은 반면, 지옥의 사람들은 조금도 먹지 못했다. 이유는 간단하다. 천국의 사람은 긴 숟가락으로 서로에게 음식을 먹여준 것이다. 반면 지옥에 있는 사람은 음식을 자기 입에만 넣으려고 기를 쓰다가 결국 한 입도 먹지 못했다. 모두 한 번쯤 들어봤을 테지만, 배려의 가치를 정확하게 표현한 이야기이다.

E형 인간은 천국의 식탁에 둘러앉아 있는 사람들이다. 상대를 도우면 자신도 도움을 받는다. 상대를 기쁘게 하니 나의 기쁨은 그보다 훨씬 더 커진다. 이것이 E형을 만드는 배려의 힘이다.

사회, 세계, 우주를 움직이는 엔도르핀

지난 2008년 세상을 떠난 대만의 갑부 왕융칭王永慶의 첫 사업은 쌀가게였다. 주위에 이미 다른 쌀가게들이 자리를 잡아 왕융칭은 고전을 면치 못했다. 그런데 당시 도정 기술이 좋지 않아 쌀에 돌이 많이 섞여 있었다. 그는 일일이 돌을 골라 '돌 없는 쌀'이라고 홍보하며 팔기 시작했다. 그리고 쌀을 주로 사가는 사람들 가운데 노인이 많다는 것을 알고, 그들이 편하게 쌀을 사먹을 수 있도록 배달을 해주었다. 여기에서 그치지 않고 배달할 때 그 집 식구가 몇인지, 밥은 얼마나 먹는지 봐두었다가 쌀이 떨어질 때쯤 알아서 배달해주었다. 다른 사람을 세심하게 관찰하고 그들이 원하는 것을 대신해준 배려심이 왕융칭을 대만 제일의 갑부로 만들었다. 유언으로 9조 원이라는 엄청난 재산을 사회에 기부한 그는 자녀들에게 이렇게 말했다고 한다. "사람들에게 행복을 주는 것을 뜻으로 삼되, 오직 자기 이익을 도모하는 것을 목표로 삼지 않기를 바란다."

왕융치 같은 E형 인간은 우리 주위에도 있다. 내가 일하는 병원 근처에서 식당을 운영하는 할머니를 소개한다. 그 작은 식당은 맛있기로 입소문이 나 손님이 끊이지 않았고, 마침내 방송에 출연하기까지 했다. 방송을 보니 리포터가 주인 할머니에게 맛의 비결을 묻는 장면이 있었다. 할머니는 어색한 얼굴로 특별한 게 없다고 손사래 칠 뿐이었다. 리포터가 계속 졸라대자 마지못해 이렇게 말했다. '내 자식 먹이는 마음으로 만들 뿐인데…' 대수롭지 않은 그 말이 사실은 진짜 맛의 비결이었다. 내 자식 먹을거리라고 생각하면 좋은 재료를 선택하고, 깨끗하게, 시간과 노력을 기울여 정성으로 만들지 않았을까. 사람들의 혀는 그 맛을 기가 막히게 알아챘을 것이다. 누군가는 어머니의 맛을, 또 누군가는 고향을, 또 누군가는 할머니의 정성과 친절함을 생각하며 식당을 찾았을 것이다. 한 끼 밥이 아니라 즐거움과 기쁨을 느끼고 싶어 식당으로 향한 것이다.

돈만 벌기 위해서가 아니라, 타인의 행복을 목표로 사업을 하고, 손님을 자식처럼 생각하는 배려심이 나와 타인, 그리고 사회 전체에 행복한 엔도르핀이 돌게 만들었다. 타인의 즐거움이 곧 나의 즐거움이 되는 선순환이다.

2008년 미국 시카고대 심리학과 보아즈 케이사르Boaz Keysar 박사팀은 '기브 앤 테이크give and take'에 관해 여러 경우의 실험을 했는데, '누가 먼저 주고 누가 먼저 받느냐'에 따라 결과가 달라짐을 증명했다. 실험은 100달러의 돈을 다른 사람과 얼마씩 나누겠느냐는 방식으로 진행했다. 그 결과, 다른 사람을 먼저 후하게 배려한 사람이 결과적으로 조금 더 많은 돈을 차지했으며, 자신이 먼저 더 많은 돈을 차지하려 했던 사람은 훨씬 적은 액수의 돈을 차지했다.

누군가에게 무언가를 베풀면 받은 것보다 더 많은 것을 되돌려주어야 마음이 편해지는 게 사람의 심리이다. 물론 내가 배려한 사람이 D형 인간이라면, "저 녀석이 나에게 뭘 가져가려고 친절하지?"라는 생각을 할 수도 있을 것이다. 배려에 대한 고마움을 조금도 느끼지 못하는 이들도 분명 있다. 그래도 내 마음에 기쁨이 생긴다면 배려의 의미는 충분하다.

E형 인간은 이 같은 선순환을 이해하는 이들이다. 몸에 엔도르핀 등 긍정 호르몬이 선순환이 되도록 하고, 그것이 이타적으로 작동하도록 한다. 넓게 보면 우리의 몸, 사회, 환경 나아가 우주도 같은 원리 안에서 움직인다. 몸이, 사회가, 자연의 생태계가, 우주가 작동하기 위해서는 선순환이 필요하고 그것은 일종의 균형을 찾아가는 과정이다. E형 인간은 몸속에 흐르는 호르몬이 균형을 잡아감으로써 자신의 신체적 건강을 확보하는 것을 넘어 우리 사회가 균형 잡힌 상태로 작동할 수 있도록 해주는 시작점이다.

E형의 특징 4
봉사

남을 도와주는 손이 기도하는 입술보다 아름답다는 말이 있다. 테레사 수녀는 봉사와 사랑의 아이콘이다. 굶주리고 힘든 사람에게 한없는 사랑을 베풀었던 테레사 수녀는 살아있는 성녀로 불린다. 그런데 테레사 수녀처럼 남에게 봉사하는 사람들의 모습을 바라보는 것만으로도 면역 기능이 높아진다고 한다. 1988년 하버드 의대에서 실시한 실험에서 대상자들에게 테레사 수녀의 봉사활동 모습을 보여준 뒤 면역항체 수치가 어떻게 변하는지 검사했는데, 면역 수치는 올라간 반면 스트레스 지수는 줄었다. 직접 봉사에 참여하지 않아도 다른 사람의 선행을 보는 순간, 나쁜 스트레스가 좋은 스트레스로 전환되는 것이다. 이를 '마더 테레사 효과'라고 부른다.

말기암 환자 관리 연구로 임종 연구 분야에서 국제적인 명성을 얻은 미국 시티 호프 병원의 베티 페럴Betty Ferrell 박사는 '병으로 가족을 잃고 슬픔에 빠진 사람들이 비슷한 병을 앓는 다른 환자를 돌보는 자원 봉사를 함으로써 큰 위안을 받는다'고 말했다. 비슷한 병을 앓는 사람들과 경험을 나누면서 가족의 병을 무기력하게 지켜봐야만 했던 슬픔과 허무함에서 벗어나 치유가 일어나는 것이다. 다른 사람을 돕는 마음이 곧 자신의 상처를 스스로 어루만지는 기회가 되는 이치다.

직접 봉사활동을 하는 경우에 대한 또 다른 실험 결과도 있다. 미국 오하이오의 케이스웨스턴리저브 의대 마리아 파가노 Maria Pagano 박사팀의 실험에 따르면, 통계적으로 알코올 중독자가 치료될 확률은 평균 22%인데, 자원봉사 활동을 병행해서 치료하면 알코올 중독에서 벗어날 확률이 40%까지 오르는 것으로 나타났다. '남을 위해 나누고 베푸는 사람이 그렇지 않은 사람보다 오래 살 확률이 두 배 높다'라는 다른 조사결과도 있다. 미국 미시간대 스테파니 브라운 Stephanie Brown 교수는 5년 동안 432쌍의 장수 부부를 면담한 결과, 조사 대상 여성 72%와 남성 75%에게서 봉사활동을 한다는 공통점을 발견했다.

내 아내의 성격은 전형적인 B형이다. B유형은 단순해서 어떤 일에 집중하면 깊숙하게 빠지는 경향이 있다. 아내는 종교생활을 시작한 뒤 열성적인 신자가 됐다. 교회에 나가면서 아내는 나에게도 함께 다니자고 권했다. 나는 거절했다. A유형인 나는 종교를 갖기 어려운 성격이다. A형은 계산하고 따진다. 무조건 믿는 아내와 요모조모 따지는 A형인 나는 오랫동안 갈등했다. 그러던 내가 아내를 따라 교회에 나가게 된 결정적인 계기가 있었다.

동생이 결혼해서 아이를 낳았는데 다운증후군이었다. 집 안에 우환이 생겼다. 가족 사이에 말수가 줄었고 어두운 그림자가 드리워졌다. 그때 아내가 아이를 너무나 예뻐하면서 집 안에 온기가 돌기 시작했다. 아내는 여기서 그치지 않고 장애 아이들을 위한 일을 하고 싶다면서 늦깎이로 특수아동교육을 공부하기에 이르렀다. 공부를 마친 아내는 장애아를 위한 선교원을 만들었다. 자기 돈을 써가면서 열심히 봉사하며 기뻐하는 아내를 보니 온 가족이 돕지 않을 수가 없었다. 아내가 돌보던 아이들이 어느새 자라 대학에 가고 음악연주가 등으로 활동하며 사회에 잘 적응했다. 이러한 성과를 인정받아 초등학교에 특수아동을 위한 합동 교실이 처음으로 만들어지기도 했다. 봉사하고 배려하는 생활을 하면서 아내는 E형이 되었다. 나도 아내를 이해하고 받아주니 같이 기뻐하게 되었다. 우리 집안의 평화와 기쁨은 모두 아내 덕분이다.

　힘들고 어려운 환자를 만나면 나는 조심스럽게 형편에 맞는 봉사활동을 해볼 것을 권유한다. 여러 의학적 사례만이 아니라, 좌절과 절망의 늪에 빠졌을 때 봉사를 통해 삶의 새로운 계기를 찾는 이들을 수없이 목격해왔기 때문이다. 사업에 실패한 뒤 자살을 시도한 분이 있었다. 그는 삶을 포기하는 심정으로 소록도로 내려가 한센병 환자들을 위해 봉사를 시작했다. 6개월 뒤 다시 내 앞에 나타난 그는 표정부터 달라져 있었다. 건강도 좋아진 듯했다. 다른 사람 같다고 농을 하자 머쓱하게 웃었다. 예전의 그는 불평이 많고 이런저런 불만을 쏟아내곤 했다. 전형적인 D형이었다. 그런 그가 소록도에서 봉사하면서 마음이 편안해지고 뿌듯하고 아침이 기다려지기까지 하더란다. 지금까지 자신의 삶은 경주마처럼 앞만 보고 달려왔다는 것을 뼈저리게 느꼈다고도 했다. 새삼 누군가를 위해 베풀어본 기억이 없던 그가 베풂의 기쁨을 알게 된 것이다.

　의학적으로는 그의 몸속을 지배하고 망가뜨리던 스트레스 호르몬이 줄고 긍정 호르몬이 증가했다고 볼 수 있다. E형으로의 변화가 일어난 것이다. 켄트 케이스의 '희망을 주는 진리'는 널리 회자되는 문장이다. '역설의 진리'라고도 한다. 그 중 몇 가지를 소개한다.

　　첫째, 착한 일을 하면 사람들은 당신에게 어떤 속셈이 있는지 의심한다. 그래도 착한 일을 하라. 둘째, 당신의 친절을 사람들은 쉽게 잊는다. 그래도 친절하라. 셋째, 공든 탑이 하루아침에 무너질 수 있다. 그래도 쌓아라. 넷째, 물에 빠진 사람을 구해주면 강도로 변할 수 있다. 그래도 도와라. 다섯째, 사람들은 강자의 편에 선다. 그래도 약자를 위해 노력하라.

한편으로는 이게 말이 되나 싶다. 공감할 수 없는 말이다. 이런 불굴⑺의 정신은 성자만이 가능하지 않겠는가. 그러나 중요한 것은 이런 노력에 대한 긍정에 있다. '그럼에도 불구하고'라는 마음을 조금이라도 내는 순간, 몸의 반응이 달라지고 머리는 맑아진다.

지금 우리에게 가장 필요한 호르몬 옥시토신

몇 해 전부터 '욘족(Yawn; Young And Wealthy but Normal)'이라는 신조어가 유행하고 있다. 부유하면서도 평범하게 살아가는 이들이 여기에 속한다. 30~40대 비교적 젊은 나이에 부자가 됐지만 요트나 자가용 비행기 대신 자선사업에 돈을 쓰고, 가족 중심의 조용하고 평범한 삶을 추구한다. 대표적 인물은 마이크로 소프트 회장 빌 게이츠, 세계 최고의 부자지만 늘 평범한 옷차림에 햄버거를 즐긴다. 야후의 창업자 제리 양, 이베이 공동창업자 피에르 오미드야르도 욘족이다. '번 돈을 기부한다'는 점에서 보통의 부자와 다르다.

욘족은 구두쇠 스쿠루지가 자신의 과거와 현재, 미래의 모습을 본 뒤 개과천선하여 이웃을 도우며 살아가게 되는 모습과 닮았다. 욘족의 등장은 물질적 풍요에 대한 가치 변화를 의미한다. 돈을 펑펑 쓰는 것이 곧 행복을 가져다주지 않는다는 사실을 깨달은 것이다. 20세기에 이르러 인류는 대량생산 대량소비

시대를 맞았다. 기술의 발달로 그 어느 때보다 물질적 풍요를 누렸다. 그러나 그것이 행복으로 이어지지 않았다. 행복은 쓰는 것에서 나오지 않는다. 새로운 욕망은 또 다른 욕망을 불러올 뿐 부족한 2%는 절대 소비로 채워지지 않는다. 봉사와 기부, 이타적 삶은 여기에서 나왔다.

우리 삶의 궁극적 목적은 사실 부富가 아닌 행복이다. 행복하기 위해서 부자가 되고 싶은 것이다. 부자가 행복할 거라는 믿음은 원하는 만큼 즐길 수 있고 무엇이든 할 수 있다고 생각하기 때문이다. 그러나 욕구를 채우는 데서 느끼는 기쁨은 오래가지 않는다. 하면 할수록 기쁨이 더 커지는 일은 타인에게 내 것을 나누어주는 일밖에 없다. 정말 행복한 부자는 남을 돕기위해 돈을 버는 사람이다. 바로 욘족이다. 오늘날 성공의 이유는 다른 사람과 더불어 행복해지는 데 있음을 욘족이 보여주고 있다.

수십억 원을 기부한 것으로 알려진 가수 김장훈 씨는 기부 중독이다. 그는 "기부에 열심인 지금이 정말 행복하고 두려움이 없다"고 했다. SK네트웍스 최신원 회장도 오랫동안 봉사와 기부를 해온 분으로 잘 알려져 있다. 언제까지 기부할 계획이냐는 물음에 최 회장은 "언제까지 밥 먹을지 묻는 것과 똑같다. 나눔은 이제 일상이고 습관이 됐다"고 답했다. 봉사와 나눔은 한 번으로만 끝내는 사람은 없다. 한 번 시작하면 계속하는 사람이 있을 뿐, 그들이 느끼는 행복 역시 긍정적인 중독이라고 할 수 있다.

남을 잘 돕는 사람은 혈액 속의 옥시토신 수치가 높다. 모성 호르몬인 옥시토신은 신뢰와 사회성을 조절한다. 우리 몸에 옥시토신이 분비될 때는 다른 사람들과 이야기 나누거나 손을 잡는 등 마음의 교류가 일어날 때이다. 강아지, 고양이 등 집에서 키우는 동물들과 눈을 맞추기만 해도 옥시토신 분비가 늘어난다는 과학적인 실험 결과도 있다. 반려견을 기르면 정서가 안정된다는 것은 익히 알려진 사실이다.

지난해 서울대학병원과 KBS '생로병사의 비밀'팀에서 반려견과 사람이 교감한 뒤의 옥시토신 분비량을 조사했다. 그 결과 사람과 개, 모두에게서 옥시토신 호르몬이 분비되었다. 개와 사람이 충분히 교감하고 애정을 나누면 서로가 행복감을 느낀다는 점을 알 수 있다. 직장에서 심한 스트레스를 받은 부부, 불안과 우울 장애를 앓는 아이들은 모두 반려견을 입양한 후 스트레스를 줄이는 뇌파가 증가하고 정서적 안정이 높아졌다. 인간과 동물이 나눈 서로를 향한 조건 없는 사랑이 옥시토신을 분비하게 하고 결과적으로 행복감을 늘게 한 놀라운 결과이다.

독일의 본 대학교의 니나 마쉬Nina Marsh 연구팀은 2015년 11월, 옥시토신이 많이 분비되는 사람일수록 어려운 사람을 도와주고 싶은 마음이 커진다는 실험 결과를 발표하기도 했다. 다른 사람을 향해 마음을 여는 순간 옥시토신이 분비되고, 그 행복감에 더 남을 돕게 되는 순환이 계속되는 것이다.

앞으로 세계는 빈부 격차와 경쟁이 심해지고 그만큼 개인의 삶은 더 힘들어질 것이다. 개인은 점점 고립화되어 간다. 최근 통계청 발표에 따르면 9년 뒤에는 우리나라 1인 가구 형태가 가장 일반적인 가구 형태가 될 것이라고 한다. 그럴수록 욘족이 더 많아져야 한다. 이들의 삶이 우리 사회에 더 많이 퍼져야 한다. 그렇지 않으면 우리의 미래는 답이 없다. 욘족 뿐만 아니라 욘족이 지향하는 삶의 태도를 보통 사람들이 보고 닮는 것도 중요하다. 배려의 마음은 미래 인류에게 가장 필요한 가치이다.

E형의 특징 5
대화

장수하는 사람들의 가장 큰 특징은 '대화'이다. UCLA의 연구 결과에 따르면 건강하게 장수하는 사람들의 공통분모가 대화 라는 사실을 밝혀냈다. 하버드대 역시 비슷한 맥락에서 '관계 (Relationship)'가 가장 중요하다는 연구 결과를 내놓은 바 있다. 건강을 위해 운동을 해야 한다거나, 술과 담배를 끊어야 한다는 등 수많은 비결이 쏟아진다. 그러나 이보다 더 중요한 것은 대화, 관계, 소통이다.

특히 가족과의 대화가 중요하다. 부모 자녀, 부부간의 대화 등 가족 간의 대화는 인생의 중요한 안전판으로 작용한다. 2016년 취업전문업체 인쿠르트가 '가족 간의 대화'를 주제로 한 조사에 따르면, '부모와 얼마나 자주 이야기를 나누는가'라는 물음에 1,489명 가운데 약 40%(563명)가 '시간 나누는 대로 틈틈이'라고 답했다. 대화 시간도 '10분 이내'가 23%, '10분 이상'이 18%, '거의 없다'가 16%였다. '부모와의 대화는 주로 언제 하는가'에 대한 물음에는 33%가 '식사 시간에', 32%가 '전화로'라고 답했다. 얼굴은 보고 있어도 주 목적이 다른 것(식사)에 있거나, 얼굴도 보지 않고 대화를 나누는 것이다. 즉 오로지 대화가 목적인 대화는 하지 않고 있다.

부부간의 대화는 어떨까. 2017년 여성가족부 통계를 보면 여성가족부에서 상담한 부부 가운데 하루 평균 대화시간이 30분 ~ 1시간 미만인 부부가 전체의 34.5%에 이르렀다. '대화가 전혀 없다'라고 응답한 부부도 1.7%에 달했다. 또한 부부간 갈등 대응 방법으로 '대화 없이 그냥 참는다'가 45.9%로 갈등을 그냥 혼자 마음속에 담아두는 것으로 밝혀졌다. 대화 단절, 소통하지 못한 가족은 오해와 갈등이 쌓이게 되고 서로 상처를 주고받기에 이른다. 이로 인한 스트레스가 불행, 화, 우울의 감정을 불러일으킨다.

병원은 어찌 보면 가족의 속내를 솔직하게 볼 수 있는 공간이다. 얼굴이 어둡고 통증을 자주 호소하고 짜증이 많은 환자는 대부분 자녀들이 자주 찾아오지 않는 편이다. 혹 자녀들이 연락을 끊은 것은 아닌지 싶어 환자 몰래 자녀에게 전화를 하면 마지못해 한 번 찾아오곤 한다. 어떤 경우에는 '병원에서 알아서 치료해주세요'라고 하는 이들도 있다. 그런데 자식들이 외면할 수밖에 없겠구나, 싶은 부모도 더러 있다. 전형적인 D형의 부모들이다. 그들은 자주 불만을 토로하고 짜증을 내고 무엇이든 당연하게 요구를 하고 다 큰 자녀를 꾸중하고 가르치려 든다. 자녀들의 나이가 사오십 대인 경우가 대부분인데, 그들을 보면서 평생 부모에게 저렇게 꾸지람만 듣고 살았겠구나 싶은 생각이 들 때도 있다. 반대로 자녀들이 D형인 경우도 있다. 어쩌면 세상에서 가장 가까워야 할 관계인 가족이 왜 저렇게 서로에게 상처를 주는 것일까, 생각하면 서글퍼지기도 한다.

말을 잘하는 노인 환자는 약도 덜 먹는다

병원에 있는 노인 환자들이 복용하는 약의 종류도 가족 관계와 상관이 있다. 전형적인 A형(A/B 수치가 높은 유형)과 C형, D형이 가족 간의 친밀도가 낮았다. 이들 유형은 복용하는 약도 많고 앓고 있는 병의 가짓수도 많았다. 당뇨, 관절염, 불안증, 불면증 등 여러 질환을 복합적으로 앓고 있었다. 통증에도 예민해서 진통제를 달라는 횟수도 더 많았고 불편함에 대한 호소도 잦았다. 나쁜 스트레스를 좋은 스트레스로 전환시키는 몸과 마음의 능력이 부족하기 때문이다. 몸이 아프면 다른 데서 원망할 거리들을 찾게 된다. 가족과 주위 환경, 의사, 결국 세상을 탓하기에 이른다.

반면 대인 관계가 좋은 노인들은 상대적으로 처방하는 약이 적다. 이들은 자주 고마움을 표시하고 다른 사람을 위해 배려한다. 같은 병동의 환자에게 먹을거리도 나눠주고, 자기 아픔보다 다른 환자의 고통에 공감하며 걱정하기도 한다. 자녀들과도 이야기를 잘 나누는데, 별 일 아닌 사건도 참 재미있게 이야기하는구나, 싶을 때가 종종 있다. 기쁨은 나눌수록 커지고 고통은 나눌수록 줄어든다는 격언이 있다. 고통과 '관계'의 상관관계를 정확히 표현한 말이다. 고통을 함께 나눌 수 있는 사람이 있다는 것은 관계가 원만하다는 것이고, 그럴수록 고통은 줄어든다. E형 성격은 사람들과 유연한 관계를 맺으며, 이는 타인과 대화할 줄 아는 능력이 바탕이 된다.

E형 성격을 닮기 위한 대화는 어떻게 시작해야 할까. 물론 어느 날 갑자기 술술 대화하는 것은 어렵다. 평소 대화하지 않는 가족, 혹은 타인과 갑자기 대화하는 것은 정말 어색하고 쑥스러운 일이다. 그러나 상대가 마음을 열기를 기다리는 것보다 내가 먼저 마음을 여는 것이 언제나 더 빠르다. 한 가지 더, 가족으로 만나 서로의 마음을 한 번도 제대로 알지 못한 채 죽음으로 헤어진다는 것은 너무나 안타깝지 않겠는가.

E형 성격으로
가기 위한 대화법

1 오직 대화만을 목적으로 한 시간을 마련한다

앞에서 본 조사결과에서 가족 간에 이뤄지는 대화는 주로 식사 시간에 이뤄지고 용건이나 안부 전화를 걸 때 짧게 나누는 정도이다. 오로지 대화를 하기 위한 시간은 많지 않았다. 쑥스럽더라도 얼굴을 마주하고 이야기를 나눠야 한다. 이런 시간을 따로 만들어야 대화에 익숙해진다. "매주 금요일엔 모두 함께 저녁을 먹자"라는 등 가족끼리 합의하여 함께 모이는 시간부터 만드는 것이 좋다. 또 대화할 때는 신문이나 TV를 보지 말고 오로지 이야기에 집중해야 한다.

2 잘 듣는다

대화를 잘 하기 위해서는 상대를 긍정적으로 받아들이는 태도가 필요하다. 그러기 위해서는 먼저 들어야 한다. 상대의 이야기를 들으며 마음속으로 반박할 생각일랑 접어두고 먼저 귀 기울이는 연습을 한다. 특히 청소년기의 자녀들과 대화할 때는 부모가 말하기보다 듣겠다는 다짐을 하고 이야기를 시작한다. 노년의 부모 역시 마찬가지, 늙은 부모의 잔소리도 대화의 시작으로 생각하고 들어준다. 늙은 부모는 자식이 들어주는 것만으로도 즐거워한다. 3. 2. 1 대화법도 좋다. 3번 듣고 2번 맞장구 치고, 1번 말하는 것이다.

3 터놓고 욕할 수 있는 친구 하나 있으면 좋다

친구와는 가족과 하기 힘든 이야기도 할 수 있다. 자식 흉도 볼 수 있고, 마누라를 욕할 수도 있다. 그래서 친구이고 그런 친구가 있으면 마음에 빈번하게 스트레스 자극을 가져오는 응어리를 해소할 수 있다. 사실 마음이 잘 맞는 친구라면 무슨 이야기를 나누건 재미있게 들리기 마련이다. 많은 사람보다는 단 한 사람이라도 솔직한 대화를 나눌 수 있으면 충분하다.

4 정확하게 이야기한다

많은 부부가 다투기 싫고 갈등하기 싫어서 참는다고 한다. 참으면 병 되는 줄 알면서 참는다. 무작정 참기보다는 오해와 갈등을 줄이려는 노력이 필요하다. 바로 대화이다. 평소 매사 자신의 욕구를 정확하게 말하는 습관을 들여야 한다. 다른 사람이 나에게 해주기를 바라는 것을 구체적으로 표현하는 것이다. 주의할 점은 욕구를 정확하게 말한 다음, 내가 원하는 대로 되지 않았을 때도 스트레스를 받지 않는 것이다. 솔직한 대화를 통해 내가 원하지 않는 상대의 요구를 자연스럽게 거절하는 법도 배우게 된다.

5 긍정적인 언어로 말한다

어떤 사람은 '컵에 물이 반이나 담겨 있네!'라고 말하는 반면, 어떤 사람은 '컵에 물이 반밖에 없네'라고 말한다. 널리 알려진 이야기이다. 긍정적인 언어의 훈련은 긍정의 기분과 분위기를 만들어낸다. 아주 강한 행복의 바이러스이다. 영국 옥스퍼드대 제임스 머레이James Murray 교수는 갓 결혼한 신혼부부를 대상으로 이혼을 할지 평생을 함께 보낼지를 예측하는 공식을 개발했다. 돈이나 성性 등 논쟁거리가 되는 주제로 대화를 하게 한 뒤 긍정적인 말, 부정적인 말의 빈도수를 따져 점수를 매기는 방식이었다. 12년 동안 진행된 이 조사에서 부정적인 말을 많이 쓴 부부가 상대적으로 이혼율이 높았다.

E형 성격의 종착역,
행복한 죽음

입원 중인 K할머니에게 어느 날 외국에 사는 아들이 찾아왔다. 아들은 재산 문제로 어머니가 직접 은행에 가서 서명을 해야 한다며 모시고 나가려고 했다. 몸 상태가 안 좋으니 나중에 가라고 요구했지만 막무가내였다. 아들의 손에 이끌려 은행에 다녀온 K할머니의 낯빛이 좋지 않았다. 저녁 내내 아무 말도 하지 않더니 다음날 심장마비로 세상을 떠났다. 듣기로는 자녀들이 재산 싸움을 벌였고 급기야 미국에서 온 아들이 할머니 통장을 강제로 가로챘는가 보다. 자녀들의 다툼에 배신감을 느끼고 크게 실망한 K할머니는 극심한 스트레스 상태에 빠졌다. 쇠약한 몸이 이를 견디지 못해 심장마비를 일으켰다. 불과 하루 사이에 일어난 일이었다. 죽음은 예측할 수 없지만 한 가지 사실만은 분명하다. 삶에 대한 동기부여가 사라지는 순간 죽음의 그림자는 움직이기 시작한다는 점이다.

누구에게나 죽음은 두려움으로 다가온다. 엔도르핀은 고통을 잊게 하기 위해 분비된다. 우리 몸에서 가장 많은 엔도르핀이 나올 때가 바로 죽음이라는 사실은 죽음이 얼마나 고통스러운가를 반증한다. 젊은이는 죽음을 미처 실감하지 못하지만, 노년에 이를수록 죽음은 시계바늘처럼 재깍재깍 다가온다. 게다가 병에 걸리면 시계 소리는 더욱 커진다.

내가 만난 E형 유형의 사람들, 즉 감사와 긍정적인 노력, 욕망 조절, 배려와 봉사의 마음을 가진 이들, 부정적 스트레스를 빠르게 긍정 스트레스로 전환하는 사람들은 죽음에 대한 태도 역시 달랐다. 죽음에 대한 부정적인 생각과 두려움을 빠르게 긍정적인 생각으로 전환했다. 결과적으로 죽음보다 '삶'을 선택하는 태도라고 할 수 있다.

환자의 죽음 앞에 의사가 받는 심리적 충격은 크다. 의사 경력이 늘고 세상사 경험이 많아져도 마찬가지이다. '행복한 죽음'이란 모순되는 말이지만, 나는 환자의 죽음 앞에서 종종 이 말을 떠올리곤 한다. 행복한 죽음은, 평소 일상에서 '이 정도면 된다'라는 느낌을 자주 가져야 한다. '이 정도의 삶'이란 저마다 기준이 다르지만 비교적 몸과 마음이 건강하고, 행복감을 자주 느끼고, 장수하고, 일에 대한 성취와 만족감이 높다고 할 수 있다. 물론 이것들이 반드시 행복한 삶의 절대적 조건은 아니다. 근본적으로 행복한 죽음은 자신의 삶을 긍정하느냐 마느냐, 어떻게 회고하느냐에 달려 있다. 누구의 삶도 완전할 수 없기에 삶의 긍정적인 부분을 보는 것이다. 비록 자신은 못 배우고 가진 것 없이 살았어도, 자식들이 건강하고 사회에서 제 몫을 하고 부부간에 화목했다고 생각하고 그것을 행복이라 생각하면,

죽음에 대한 부담감이 적고 편안한 죽음을 맞을 수 있다.

2008년 카네기멜론대 컴퓨터공학과 랜디 포시Randolph Frederick Pausch 교수는 췌장암으로 죽기 전 '마지막 강의'를 남겼다. 이 강의는 전 세계적으로 많은 사람들의 심금을 울렸다. 48세 젊은 나이에 췌장암을 선고 받았을 때 그는 얼마나 황당했을까. 췌장암은 다른 암보다 사망률이 높다. 그에게는 죽음의 선고처럼 느껴졌을 것이다. 처음에는 '전투적 태세'로 치료를 받았다. 할 수 있는 모든 방법을 동원해 낫겠다는 게 그의 생각이었다. 세 아이와 아내를 남겨 두고 쉽게 죽을 수 없었기 때문이다.

그러나 수술을 비롯한 모든 치료에도 불구하고 암세포가 더이상 손쓸 수 없을 만큼 퍼지자, 그는 치료보다 아내와 아이들과 함께 시간을 보내기로 결정했다. 그리고 '지금 이 순간은 살아있다'는 것을 전하기 위해 '마지막 강의'를 계획했다. 강의에서 랜디 포시 교수는 지금까지 삶 가운데 행복했던 경험들을 들려주었다. 어린시절, 미식축구 코치를 통해 배운 '사람을 포기하지 않는 마음', 디즈니사에서 일하고 싶은 꿈을 이룬 일 등. 그가 던진 메시지는 '꿈을 꾸지만 말고 노력할 것, 다른 사람의 꿈을 위해 돕고, 결국 그것이 인생의 진정한 배움이자 우리의 존재 이유라는 것'이다.

죽음 앞에서 그가 보여준 긍정의 삶은 따뜻했다. 그의 죽음은 인생에 대한 배움과 교훈을 남긴 위엄 있는 죽음이었다. 아마도 그는 행복한 죽음을 맞지 않았을까 싶다. 그가 남긴 말이다. "우리가 평생 가져야 할 태도가 있다면, 지금 이 순간에 늘 감사하며 살아야 한다는 것이다." 그것은 죽음 앞에서도 예외가 아니다.

인간은 모든 것이 영원히 계속될 것처럼 생각하고 살아간다. 고통과 괴로움 고민들도 영원할 것처럼 생각하고 괴로워한다. 그러나 내가 지금 갖고 있는 것은 늘 변한다. 기쁨에도, 슬픔에도, 고통에도 매여 있으면 안 된다. 끝나지 않을 것 같은 겨울은 물러가고 바야흐로 봄이 온다. 영원할 것 같았던 인생도 어느 순간 종착점에 도달한다. 그걸 괴로워하기보다 긍정적으로 받아들일 수 있는 방법을 찾는 것이 필요하다. 그것이야말로 죽는 순간까지 내 삶에 최선을 다하겠다는 자세이다.

젊은이들, 그러니까 아직 삶의 시간이 많이 남아 있는 이들에게 당부한다. 내 삶이 행복해질 수 있는 최소한의 기준을 일찌감치 세워 두라는 것이다. 내가 추천하는 행복의 기준은 평소 E형 유형의 삶의 방식을 따르는 것이다. 앞서간 수많은 위인들이 삶의 지혜와 교훈을 남겼지만 그것은 내 삶에 적용할 때만이 유용한 법이다.

E형 성격으로의 전환은 곧 삶을 받아들이는 태도를 말한다. 많은 사람들이 소중하지 않은 것들에 매여 정말 중요한 것들을

놓치고, 마침내 삶의 종착역에 도착하고 만다. 종착역에서 마치 무엇을 두고 오거나 짐을 잃어버린 것처럼 허망해한다. 그런 삶은 안타깝다. 아직 우리에게는 시간이 남아 있으니, 무엇을 이루겠다는 목표를 세우기 전에 긍정, 감사, 배려 등 행복의 기준과 태도를 미리 세우고 인생의 기차를 타고 간다면, 소소한 행복의 역을 거쳐 진정한 휴식의 종착역에 도착할 것이다.

겸손,
과학과 종교의 가르침에서 배우다

서두에서 잠시 언급했던 '찬송가 할머니' P여사는 기독교인이었다. 그는 말기암 환자로 통증이 올 때마다 진통제 대신 찬송가를 불렀다. 임종 며칠 전까지도 찬송가를 불렀다. P여사는 찬송가를 부르면 통증이 사라진다고 했다. 찬송가를 부르면서 스트레스 호르몬이 좋은 스트레스로 전환한 것으로, 몸에 도파민과 엔도르핀이 돌면서 통증이 줄어든 것이다. 외부적인 약물치료 없이 스스로 고통을 없애는 우리 몸은 참 신비하다. P여사는 하느님이 자신의 고통을 없애 주었다고 했다. 종교가 없는 사람은 거부감을 느낄지도 모르겠지만, 한번 생각해보라. 이 세계는 아직 인간의 인식으로 완전히 가늠할 수 없다. 즉 P여사의 믿음, 하느님이 인간의 몸을 스스로 치유하게끔 만들어 놓았다는 점은 우리의 머리로는 알 수 없다. 어쩌면 그것은 자연의 섭리에 대한 믿음이다. P여사는 종교를 통해 우주적 진리, 자연의 섭리를 이해하고 있다고 해도 과언이 아니다.

현대인에게 종교적 삶은 E형 인간이 되는 좋은 방법이다. 찬찬히 따져보면 모든 종교의 가르침은 비슷하다. 자신의 삶을 있는 그대로 '받아들임'이 그 핵심이다. 그것이 '신'의 뜻이고 우주적 진리이기도 하다. 기독교에서는 인생의 시련은 하느님이 큰일을 맡기기 위한 예비 단계라고 한다. 위기를 돌파할 수 있는 힘, 전화위복의 계기를 마련해주는 것이라는 뜻이다. 늘 감사하라, 원수를 사랑하라, 이웃에게 봉사하라 등도 기독교의 가르침이며, 이 또한 받아들임과 이타적 행동을 통한 삶의 기쁨을 위한 것이다. 기독교의 감사 기도처럼 불교에서도 식사 전에 한 그릇의 음식이 오기까지 모든 만물에 감사하는 '공양게'를 읊는다. 무슬림들은 하루에도 몇 차례씩 기도를 한다. 기도뿐 아니라 반성도 중요하다. 불교의 108배 수행, 가톨릭의 고해 성사는 반성하고 회개하기 위한 수단이다.

이 같은 종교적 가르침과 행위는 정신건강의학에서 비약물 치료법으로 널리 쓰이는 '인지치료' 과정과 비슷하다. 인지치료는 생각의 변화를 통해 불안과 우울, 분노, 무기력 등 부정적인 감정들을 바로잡는다. 1960년대 미국의 심리학자 아론 벡Aaron T. Beck에 의해 고안되었으니, 인지치료의 역사는 채 60년이 되지 않는다. 즉 인간의 몸과 마음이 과학적으로 분석되고 이를 바탕으로 질병에 대한 치료법이 만들어지기 전에 이미 종교가 그런 역할을 하고 있었던 셈이다.

종교를 가진 사람들의 대부분은 평소 긍정적인 생각 습관이 몸에 배어 있어 위기 때 적절하게 대응하고 고통을 잘 이겨낸다. 그러나 과학의 발달로 신이 부정되면서 세계는 무종교, 탈 종교의 시대로 빠르게 흘러가고 있다. 마음에 위로가 되고, 어려울 때 살아갈 힘을 복돋워 주었던 종교의 역할이 줄어들면서, 인간의 삶은 더 고단해지고 팍팍해지고 있다. 어쩌면 종교가 떠난 자리에 인지치료, 행동치료, 약물 등 과학이 대신하고 있는 것인지도 모른다.

그러나 종교적 가치는 오늘날 여전히 귀하다. 종교적 가르침을 통해 서툰 삶을 연습하고 행복을 찾아가는 모습은 바람직하다. 자신의 성격과 라이프스타일에 맞는 종교라면 말이다. 단 합리적인 믿음이어야 한다.

또 종교에 대한 거부감이 있는 경우에는 생각 습관 바꾸기 등을 통해 삶의 온갖 스트레스, 안정적 삶에 위협이 되는 요소에 맞서는 준비를 해야 한다. 'E형 인간 닮기'도 그 가운데 하나이다. 내 마음으로부터의 변화가 나를 바꾸고, 비로소 자유롭게 만들어줄 것이다.

6

생각하는
뇌가
E형 인간을
만든다

●

성격은 태어나서 크고 작은 일을 겪으며
깨지고 깎이고 다듬어지면서
비로소 완성되는 삶의 결과물이다.
유전적으로 물려받은 성격을 '재산'이라고 하면,
재산을 이리저리 굴려
'어떤' 인생을 만들어내는 것이다.

성격의 10퍼센트
변화만으로도 충분하다

앞에서 E형의 삶을 살아가거나, E형으로 변화된 사람의 특징을 정리해보았다. 여기서 중요한 것은 모든 사람이 100% E형 성격으로 변화될 수 없다는 점이다. 성격은 100을 기준으로 했을 때 약 50%는 부모에게서 받은 유전자가 결정하며, 10%는 양육 환경의 영향을 받는다. 그리고 나머지 40%는 생활습관, 인간관계 등 후천적인 어떤 요인에 의해 결정된다.

오랜 세월 학자들은 쌍둥이를 대상으로 한 조사에서 성격이 유전과 환경, 둘 가운데 어디에 더 많은 지배를 받는가에 대한 논란을 벌여왔다. 유전자 지도가 완성되면서 성격은 유전의 영향이 더 큰 것으로 밝혀졌다. 그러나 성격의 약 40%는 바꿀 수 있다. 여기에서 10~20%의 변화만으로도 E형 성격으로 살아가는 데 충분하다.

인간의 성격은 복합적이다. 다양한 면이 공존한다. 예컨대 A형이면서도 C형의 특징을 갖고 있을 수 있고 A형과 D형이 동시에 나타날 수 있다. 그러나 어느 날 갑자기 A형이 B형이 되고, E형이 될 수는 없다. 자신의 성격 유형에 E형 성격의 특징(장점)을 덧붙이면 된다. E형을 닮도록 노력하라는 말이다. 태어날 때

부실한 몸도 잘 먹고 운동을 열심히 하면 체력이 좋아진다. 성격도 마찬가지다. 일상의 작은 실천, 생각의 작은 변화와 그것을 체화시키기 위한 훈련을 바탕으로 좋은 쪽으로 바꿀 수 있다.

나는 전형적인 A형이었지만 나이가 들면서 E형으로 바뀌었다. 물론 A형의 특징이 모두 사라지지는 않았다. E형 특징이 추가되었을 뿐이다. A형의 특징인 조급하고 다급해지는 마음이 드는 순간, 얼른 마음을 다잡고 평정심을 찾으려 한 결과이다. 마음에 들지 않는 일 때문에 마음이 불쾌해지려는 순간, '이 정도면 괜찮다' 하면서 훈련을 거듭하다 보니, 자주 긴장하고 까칠하던 일상이 편안하게 바뀌기 시작했다. 이 훈련이 계속되고 몸이 여기에 적응하면, 스트레스로 인한 질환도 서서히 개선되어 간다.

우울증 환자도 의사의 상담과 더불어 이러한 마음 단련을 하면서 치료하면 훨씬 빠르게 좋아질 수 있다. 우울한 마음이 드는 순간 "아, 지금 내가 우울해지려는구나" 하면서 그 상황에서 벗어날 수 있는 자기만의 방법을 찾아 행동으로 옮겨보는 것이다. 즉 위기에 처했을 때, 혹은 스트레스를 받는 상황이 됐을 때, 자신감과 긍정성 등을 바탕으로 전화위복을 할 수 있다는 마음가짐으로 물꼬의 방향을 바꾸는 것이다.

많은 의사들이 스트레스로 인한 질병에 대해 약물치료를 선호한다. 약을 잘 처방해 스트레스 호르몬과 긍정 호르몬의 분비를 정상화하고 균형을 맞춤으로써 치료가 가능하다고 생각한다. 그러나 성격을 바꿔 내 몸이 스스로 균형을 찾도록 하지 않는다면 지속적으로 약물에 의존할 가능성이 높아진다. 약물은 어느 면에서는 보조 수단에 불과하다. 제약사에서 가장 돈을 제일 많이 버는 품목은 항암제, 항생제가 아니라 항우울제다. 전 세계적으로 항우울제 시장이 제약시장에서 가장 크다. 미국의 경우 항우울제인 프로작을 전체 인구 2억 명 가운데 약 15%가 복용한다고 한다. 덕분에 제조사인 릴리 사는 천문학적인 돈을 벌었다. 우울증을 약으로만 치료할 수 있다는 생각이 더 많은 환자를 만들어내는지도 모른다.

예일대 출신 변호사인 엘리자베스 워첼Elizabeth Wurtzel의 《Prozac Nation》(한국어판《프로작 네이션》)은 작가가 15년간 겪었던 우울증에 대한 경험을 기록해놓은 책이다. 워첼은 이 책에서 15년 동안 약을 복용했지만, 약보다 더 필요한 것은 '열쇠 없는 방 안에서 스스로 빠져나와야 하는 것'이라고 말했다. 그는 '초등학교 시절에 부모가 이혼했다. 이런 일쯤은 누구나 겪는 일이라며 나에게 그것을 헤쳐 나가는 법을 알려준 심리상담사가 있었다면 내 머릿속에 우울증이 번지는 것은 막을 수 있었을 것이다'고 고백했다. 우울증에서 벗어나는 데 결정적인 역할을 하는 것은 약물이 아니라 자신의 의지와 전문가를 포함한 주위의 도움이라는 것이다.

약은 호르몬 분비를 조정해 스트레스 호르몬 과다에 따른 문제를 단기적으로는 해소할 수 있다. 바닥에 쏟은 물을 닦아 줄 수 있는 것이다. 그러나 또다시 바닥에 쏟아지는 걸 막을 수는 없다. 이것은 개인의 노력이 필요하다. 이런 맥락에서 현대의학은 과학적 발견과 치료법의 필요성과 함께, 생각 감정 행동 등의 심리적 요인들이 건강에 직접적인 영향을 미친다는 점에 동의한다. 아울러 이것은 개인 스스로 해결해야 할 몫이다. 의사가 마음을 편하게 먹고 무리하지 말라고 조언할 수 있지만 그와 같은 사람으로 단박에 고쳐 놓을 수는 없다. 의사는 단지 병에서 벗어날 수 있는 습관을 가질 수 있는 시간적 여유를 만들어줄 뿐이다. 궁극적으로 병에서 벗어나기 위해서는 스스로 습관을 바꿔야 한다.

이와 관련해 1968년 하버드대 허버트 벤슨Herbert Benson 교수가 실험을 했다. 벤슨 교수는 몸과 마음의 상관관계를 연구하는 '심신의학' 분야의 선구자이기도 하다. 그는 원숭이의 혈압이 상승할 때마다 백색 빛을 비추는 한편 먹이를 주지 않았고, 혈압이 떨어질 땐 청색 빛을 비춰주면서 먹이를 주었다. 이 같은 훈련을 통해 원숭이는 약을 먹지 않고도 스스로 혈압을 떨어뜨릴 수 있게 된 것이다.

심한 감기를 낫기 위해서는 물론 감기약을 먹어야 한다. 그러나 더 중요한 것은 평소 신체의 균형을 잘 유지해 감기를 이겨내거나 벗어날 수 있는 힘을 키워야 한다. E형 성격을 닮아간다는 것은 감기에 걸리지 않는 몸과 마음의 균형을 유지하는 것인 동시에 질병이 찾아왔을 때 거뜬히 이겨낼 수 있는 힘을 키우는 것과 같다.

몸과 마음이 기울어질 때마다
제동을 걸다

E형 성격을 닮기 위해서는 먼저 스트레스 측정과 진단을 통해
(이 책의 4장) 자신의 성격이 스트레스에 얼마나 취약한지 여부와
스트레스 반응도가 얼마나 높은지 등을 점검한다. 스트레스에
취약하고, 스트레스 반응도가 높은 사람들은 스트레스를 적극
적으로 관리해야 한다. 알고도 그대로 놔두는 것은 자동차 액셀
러레이터를 계속 밟고 가는 것과 같으며, 결국 몸과 마음이 손
상되는 한계 상황에 이르게 된다. 병은 갑자기 생겨나기보다 오
랜 시간과 부정적 습관이 만난 결과이다. 처마에서 떨어지는 빗
물이 한 방울씩 떨어져 그릇 밖으로 넘치는 것처럼 크고 작은
스트레스가 조금씩 누적되어 나타난다. 병이 생기기 전, 스트레
스 상황이 발생하는 순간마다 꽉 조여 드는 몸과 마음을 이완하
고 풀어줘야 하는 것이다.

　일본의 심료내과 전문의 구로카오 노부오黑川順夫 박사는
'남편 재택 스트레스 증후군'을 주장했다. 남편이 직장에서 정
년퇴직하여 집에 있게 되면, 스트레스를 받은 아내가 고혈압,
위장병 등 각종 질병에 시달린다는 것이다. 노부오 박사는 부
부가 따로 생활하는 것도 방법이라고 했다. 스트레스의 원인을

아예 차단하는 것이다. 별거 혹은 황혼 이혼이 그 예이다. 그러나 부부의 문제는 남편이 집에 있게 되면서 갑작스럽게 발생된 것은 아니다. 오랜 결혼 생활 동안 남편에게서 받은 스트레스가 계속 쌓이고 퇴직을 기점으로 폭발하여 몸의 이상 증세로 나타났다. 결혼 직후부터 남편과 아내가 서로의 성격을 파악하고, 서로의 단점을 이해하고 배려하고, 나아가 고치려는 노력을 해 왔다면 관계는 악화되지 않았을 것이다. 스트레스 관리가 얼마나 중요한지 알 수 있는 예이다.

다시 강조하지만, 스트레스를 단번에 날려버릴 수 있는 만병통치약은 없다. 또 스트레스 원인 차단만이 근본적인 답은 아니다. 스트레스 상황에서 '긍정적으로 생각을 전환하려는 습관'을 들이는 것, 즉 마음 단련이 가장 효과적이고 바람직한 관리법이다. E형 인간 닮기는 마음과 생각, 그리고 습관을 바꿈으로서 성격의 변화를 꾀하는 데 있다. 필자가 개발한 생각 습관으로 성격을 바꾸는 '333 정수법'의 핵심이다. 즉, 333 정수법은 있는 그대로를 받아들이겠다는 '자기암시'를 반복하면 마음(성격)이 변화되어 스트레스 상황을 맞닥뜨렸을 때 긍정적인 생각으로 전환되는 인지치료법이다.

333 정수법을 간단히 요약하면 '3분 복식호흡(생각의 멈춤) → 3분 정수(받아들임) → 3분 복식호흡(긍정)'으로 이어지는 9분 과정을 하루 3번 시행하는 것이다. 아침에 일어나서 1번, 오후 3

시에 1번, 저녁 잠자리에 들기 전 1번, 총 3번이 가장 이상적이다. 오후에는 바쁜 일이나 직장에서의 업무 등으로 거르게 되더라도, 아침저녁은 잊지 않고 하는 것이 좋다. 짧은 시간이지만 관성적으로 하루하루를 보내는 것에 대한 환기, 바쁜 일상에서의 쉼표와 같은 역할을 해 준다. 333 정수법이 몸에 익으면 힘들고 우울할 때, 냉소, 막연한 반감, 불안감, 갈등이 일어날 때 빠르게 생각 전환이 이뤄지고 머리가 맑아진다.

333 정수법은 전문적인 명상과는 다르다. 그러나 마음을 고요히 가라앉히고, 나의 감정을 있는 그대로 바라보고, 부정적인 감정에 휘말리지 않게 하는 마음의 힘을 키워준다는 점에서는 그 효과가 같다.

명상의 효능은 이미 여러 실험으로 확인되었다. 명상은 교감신경 기능(우리 몸이 갑작스럽게 심한 운동이나 공포, 분노와 같은 위급한 상황에 대비하고 반응하게 함)의 균형, 즉 산소 소비, 대사기능, 심장박동 등을 감소시키고 뇌파의 알파파를 증가시켜 편안한 감정을 증가시킨다. 알파파는 사람이 편히 쉴 때 많이 나타나는 뇌파이다. 알파파가 지속되면 정신 집중력이 높아지고 피로 회복도 빨라진다. 몸의 이완만이 아니라 우리의 의식과 관계가 있는 뇌의 전두엽과 두정엽의 상태를 변화시킨다. 의식이 또렷해져서 적확한 판단을 내리게 하고 창의적인 생각이 많이 나오게 한다.

333 정수법은 원하는 시간에, 꼭 조용한 곳이 아니더라도 가능하다. 익숙해지면 지하철, 버스를 타고 이동하거나 시끄러운 장소에서도 바로 집중할 수 있다, 명상을 해본 사람들 가운데는 별 효과가 없다고 하는 이들도 있다. 몸으로 느끼지 못하겠다는 것이다. 그러나 효과가 없다고 하는 이들의 몸을 생화학적 검사를 해보면 호르몬 수치에 분명한 변화가 있다. 실제 몸으로 느끼는 효과를 보려면 일정 기간 습관화해야 한다. 보통 정신의학계에서 치료 개념으로서 진행하는 명상 프로그램은 하루 3시간 1주일 간격으로 8주간 진행하지만, 333 정수법은 일상에서 짧은 시간 동안 쉽게 습관화할 수 있다는 것이 가장 큰 장점이다.

무엇보다 중요한 것은 날마다 실천해서 습관으로 자리 잡게 해야 한다는 점이다. 몸이 333정수법에 익숙해지면, 우울감에 젖거나 분노, 경쟁심, 질투심 등에 사로잡힐 때 본능적으로 감정 조절을 하게 된다. 개인의 환경과 성격에 따라 다르지만, 보통 4주 정도 꾸준히 정수법을 실천해보라. 생각만큼 안 되더라도 끝까지 해보라. 된다. 나와 나의 환자들이 그 증거이다.

고요한 마음이
뇌파를 안정시킨다

뇌과학자들은 인간의 의식과 뇌파를 베타(β)파, 알파(α)파, 세타(θ)파, 델타(δ)파 4가지로 구분한다.

● 의식이 깨어 있을 때의 뇌파
① 베타파 : 일상생활을 할 때, 이른바 대상의식에서 나타남 ◑
　　　　　뇌파 14~20 사이클
② 알파파 : 평정 상태에서 나타나는 각성의식에서 나타남 ◑
　　　　　뇌파 8~13 사이클

● 수면 상태의 뇌파
③ 세타파 : 수면 상태로 꿈을 꿀 때 나타남, 멍한 상태,
　　　　　수면과 각성의 경계 ◑ 뇌파 4~7 사이클
④ 델타파 : 수면 상태로 의식적인 상이 전혀 없을 때(기절 등의 무의식)
　　　　　나타남 ◑ 뇌파 0.5~3 사이클

뇌파 사이클 수가 크다는 것은 그만큼 파장이 짧다는 의미이다. 자극이 많아질수록 파장은 짧아지고 주파수는 늘어난다. 의식이 깨어있을 때 눈앞에 펼쳐지는 수많은 자극과 그로 인한 사리분별의 복잡한 뒤얽힘에 따라 뇌는 짧은 파장의 베타파로 활동한다. 베타파는 주어진 대상에 따라 사이클이 바뀌면서 빠른 속도로 움직이는 불안정한 파장이다.

의식이 내면으로 향하면 좀 더 안정된 긴 파장의 알파파가 나온다. 이처럼 의식이 고요해진 상태가 오래 지속되면, 대개 잠이 들게 되는데

수면 뇌파는 파장이 더 길어지면서 세타파가 되고, 잠이 더 깊어지면 꿈도 없는 무의식 단계가 되어 델타파가 생겨난다.

명상의 원리는 깨어 있으면서도 무의식 상태의 델타파가 나오도록 하는 것이다. 즉 명상은 의식과 무의식을 자유자재로 넘나들도록 하는 것이다. 이와 같은 경지는 깊은 수련이 필요하며 아무나 오르지 못하는 단계이다.

'333 정수법'은 깊은 명상과 같이 아주 느린 뇌파를 만들기 위한 것은 아니다. 너무 빠르게 움직이는 뇌파와 단절하고 알파파가 뇌를 지배하도록 하는 것이 핵심이다. 즉 베타파의 활동을 잠시 중단시키고 알파파를 활성화하는 것이다. 고요하게 존재하며 외부 자극에 대한 반응이 줄면 베타파의 활동성은 떨어지고 알파파가 활발해진다.

하버드 의대 허버트 벤슨 교수는 휴식 등을 통해 고요해진 뇌파가 신진대사, 심장 박동, 혈압을 조절하는 활동을 한다고 말한다. 명상이 단지 마음의 상처나 내가 처한 문제를 해결할 뿐 아니라 몸도 치료하는 이유가 여기에 있다. 과학적 분석이 아니어도 일상에서 마음의 안정이 주는 효과는 쉽게 접할 수 있다.

아내와 싸운 뒤 밖으로 나가 바람을 조금만 쐬어도 심장박동이 느려지고 격한 감정이 가라앉는다. 곰곰 생각하니 아내의 잘못만이 아니라 내 허물도 있다는 생각에 미안해지기도 한다. 회사에서도 마찬가지다. 화가 났을 때 산책에 나서면 놀랄 만큼 침착해진다. 바다에 가면 스트레스가 풀리고 가슴이 뻥 뚫리는 시원한 느낌이 드는 것도 알파파의 영향이다. 파도 소리가 뇌 속의 알파파를 활성화하기 때문이다.

결국, 333 정수법은 알파파가 활성화되면서 고요하고 편안해진 뇌가 모든 생리작용의 안정감을 찾아가는 과정으로 설명할 수 있다. 그러면서 몸은 균형을 잡아간다. 건강에 해로운 과도한 자극과 흥분도 가라앉는다. 일상에 대한 과도한 몰입에서 벗어나도록 한다. 그 모든 움직임은 다시 돌아가게 될 일상을 돌아보는 지혜를 제공한다.

몸과 마음을 긍정으로 이어주는 '333 정수법'

이 장에서 설명하는 '333 정수법'은 주로 집이나 편안한 공간에서 하는 것을 기준으로 삼았다. 그러나 333 정수법은 일상에서 생각날 때마다 하면 더 좋다. 대중교통이나 자동차를 이용하여 장시간 이동할 때나, 사무실에서, 공원 벤치에 앉아서 등, '3분 복식호흡 → 3분 정수 → 3분 복식호흡' 과정을 반복하는 것이다. 이 점에서 333 정수법은 정좌를 하고 앉아서 하는 보통의 명상법과 다르다. 짧은 시간 동안 몸과 마음을 이완하는 심플한 마음훈련법이다.

1단계 : 3분 복식호흡(생각의 멈춤)

① 편안하게 앉는다. 누우면 졸음이 와서 좋지 않다.
② 등은 곧게 펴고 고개를 조금 위로 한다. 숨길을 열어놓는 자세이다.
③ 눈을 감지 않은 채 아래쪽으로 지그시 시선을 고정한다.
④ 마음속으로 발부터 머리까지 온 몸을 훑는다. 몸의 근육이 이완된다.
⑤ 복식호흡을 시작한다. 코로 숨을 쉬되, 뱃속까지 천천히 들이마시고 천천히 내쉰다. 숨을 내쉴 때마다 '하나' 하고 속으로 말한다.
　이때 '하나' 대신 다른 단어나 문구를 사용해도 된다.
⑥ 복식 호흡을 3분간 계속 한다. 중간에 시간을 확인해도 되지만

알람시계는 쓰지 않는다.
⑦ 중간에 잡념이 떠오르면 그 생각에 따라가지 말고 '하나' 하면서
계속 호흡을 따라간다.

멈춤은 바로 생각을 멈추고 판단하지 않는 것을 의미한다. 생각을 멈추고 바라보기 위해서는 마음이 고요해져야 한다. 마음을 고요히 가라앉히는 방법이 '복식호흡'이다. 흔히 복식호흡을 어떤 기술이 필요하다고 여기는데 뱃속 깊숙이 크게 들이쉬고 내쉬는 숨을 말한다. 달리기나 높은 산에 올라갔을 때 산소를 많이 들이마시기 위해 숨을 깊게 들이마시는 것과 같다. 산소를 충분히 들이마시면 신진대사가 원활해져 마음이 차분해지고 머리가 맑아진다.

우리 몸은 자동차와 같다. 운전자가 운전을 어떻게 하느냐에 따라 자동차의 수명이 결정된다. 운전을 잘하는 사람들은 자동차의 미세한 움직임을 느끼며 부드럽게 운전한다. 일심동체가 되는 것이다. 자동차가 몸이라면 그것을 움직이는 것은 나의 마음과 생각이다. 몸과 마음이 부드럽게 연결되고 교감이 이뤄지게 하는 다리 역할을 하는 것이 호흡이다. 호흡을 통해 흐트러지던 생각들이 고요하게 가라앉는다. 오직 호흡에만 집중하다 보면 잡념이 떠오르지 않는다. 333 정수법의 1단계는 오로지 '나'에 집중할 수 있는 시공간을 만들어내도록 이끈다.

2단계 : 3분 정수(받아들임)

① 1단계의 편안한 자세를 유지한다.
② 호흡은 자연스럽게 한다.
③ 나의 성격의 장단점을 떠올린다.
   자신의 성격, 나아가 실제 현실(사물과 상황, 타인의 말과 행동)을 있는 그대로
   보겠다는 자기암시(self-suggestion)를 반복한다.

1단계 복식호흡으로 고요히 마음을 가라앉힌 다음에는 2단계 '3분 정수'를 한다. 정수整隨는 순간순간 가지런하게 따른다는 뜻이다. 즉 '있는 그대로 수용하겠다'는 태도를 되새기는 것으로 여기에는 이미 일어난 일, 나의 실수, 잘못도 인정하고 받아들이겠다는 의지가 담겨 있다. '강한 긍정' 습관을 익히는 과정이라고 보면 된다.

이 단계에서는 나의 성격적 단점, 스스로 부족하다고 생각했던 것들을 하나하나 돌아보며 인정한다. '내 성격은 바꿀 수 없지만 이것을 계기로 성격 때문에 일어나는 실수를 더 이상 저지르지 말자'는 식으로 스스로에게 이야기하는 것이다. 또 근래에 나를 힘들게 하는 것들, 나를 괴롭히는 과거의 나쁜 경험들, 피하고 싶은 사람들, 해결되지 않은 걱정거리들…, 등 스트레스가 되는 것마저 있는 그대로 바라보는 연습을 한다.

스트레스의 가장 큰 원인은 자신이 가진 것과 그에 대한 기대, 둘의 차이가 클 때이다. 많은 사람들은 자기 자신을 있는 그

대로 보지 못한다. 좋다, 나쁘다, 등으로 우열을 가르고 남과 비교하는 데서 기대와 갈등, 스트레스가 생긴다. '3분 정수'는 무엇이든 있는 그대로 보고, 자신이 처한 현실을 인정하는 생각법이다. 자신을 인정해야 장점을 찾아낼 수 있고 이에 대한 자부심을 느낄 수 있으며 나아가 만족과 긍정의 감정 습관으로 발전할 수 있다.

예를 들어 평소 소심한 성격을 힘들어하는 직장인 S의 마음을 들여다보자. '아, 내일 프리젠테이션은 어떻게 준비하지? 내 성격은 왜 이럴까.' 걱정하느라 스트레스를 받은 그는 정작 일이 손에 잡히지 않는다. 하지만 '그래, 나는 소심하게 태어났어. 그러니까 다른 사람 앞에 서면 오금이 저리는 게 당연해'라고 그대로 인정하면, 스스로에 대한 기대가 줄어든다. 잘하려는 부담감에서 벗어나면 오히려 떨지 않고 발표를 할 수 있게 되는 것이다. 여기서 좀 더 동기부여가 된다면, '떨지 않고 발표를 하려면 어떻게 해야 할까?'라는 고민을 하게 되고 완벽한 발표를 하려고 문서 작성을 하고 발표 연습을 하는 등 노력을 기울이게 된다. 애플사의 스티브 잡스의 신제품 프레젠테이션은 유명하다. 그런데 원래 잘한 것은 아니다. 잡스는 말 한 마디, 무대에서의 동선, 손짓, 예상되는 대중의 반응까지 철저히 계산해서 연습했다고 한다.

사실 세상에는 내 힘으로 바꿀 수 없는 것들이 많다. 부모에게서 물려받은 유전적인 요소와 기질, 학교나 직장에서 만나는 인간관계와 여러 환경들 그리고 과거의 경험들. 내 힘으로 바꿀 수 없는 것은 수용해야 한다. 그래야 앞으로 나아갈 수 있게 된다. 내가 대처할 수 있는 방법을 찾게 된다. 이와 같은 생각을 평소 '자기암시화' 하여 연습하는 것이 '정수'이다.

부정적인 반응, 혹은 부정적인 감정이 드는 것에 대해서도 지나치게 죄책감을 갖지 말아야 한다. 좋지 않은 일을 겪을 때 기분이 나쁜 것은 당연하다. '다른 사람에게서 비판받으면 부끄럽다. 실직하면 절망감을 느끼게 된다. 일이 잘못되어 화가 난다.' 이런 반응은 지극히 자연스러운 것이다. 있는 그대로 받아들이는 '정수'의 생각법이 익숙해지면 스스로를 자책하는 것은 잠깐, 얼른 긍정의 감정으로 돌아선다. '다른 사람의 비판을 통해 내 약점을 보완하자, 백수가 되었지만 이번 기회에 좀 쉬면서 내가 하고 싶은 일들을 찾아보자, 왜 실패했는지 살펴보고 다음 일에 반영해보자'는 식으로 긍정적인 대처법을 모색하게 되는 것이다.

정리하면, 정수는 실제 사물과 상황, 타인의 행동을 있는 그대로 인정하는 연습이다. 편견과 의심, 왜곡 없이 바라보는 것이다. 모 그룹 회장은 '눈으로 보지 않은 것은 믿지 않는다'는 철학을 갖고 있다. 보지 못한 것, 보이지 않는 것을 믿음으로써 우리는 스스로 스트레스를 만든다. 정수는 경험되지 않은 믿음,

왜곡된 기억이 만든 스트레스 자극을 내려놓는 과정으로 활용되어야 한다. 대화할 때도 상대의 말을 그대로 받아들여야 대화 흐름이 잘 이어지고 문제 해결법을 찾을 수 있다. 우리는 상대의 말이 내가 원하는 것이 아닐 때 '대체 무슨 꿍꿍이가 있는 것일까'라고 되짚어 생각하는 경향이 있다. 그것이 마치 삭막한 세상을 살아가는 지혜처럼 생각하기도 한다. 상대의 속뜻을 모르면 나만 손해 보는 것이라고 생각하면서 의심하고 결국 나와 세상을 있는 그대로 보는 마음을 잃어버리기에 이른다. 정수법은 왜곡된 자신의 시각으로부터 나 자신을 지킬 수 있는 삶의 지혜이다.

3단계 : 3분 복식호흡(긍정)

① 1단계의 3분 복식호흡을 반복한다.
② 긍정적으로 변화된 나의 모습을 상상한다.

1단계는 마음을 고요히 가라앉힘으로써 2단계의 정수(받아들임)가 잘 되도록 준비하는 과정이라고 할 수 있다. 3단계는 마무리하는 단계로, 2단계의 정수 과정이 긍정의 습관으로 이어지도록 가다듬는 단계이다. 3단계의 복식 호흡은 2단계 정수 명상 뒤에 이어지므로 1단계보다 한층 마음이 안정되어 있다.

이 단계에서 긍정적인 모습을 상상하는 것도 좋다. 수백 년

이어져 온 티베트 수행자의 수련법 가운데는 머릿속에 긍정적인 상을 그리는 방법이 있다. 자신이 가장 닮고 싶은 감정 습관을 가진 사람을 떠올려보는 것이다. 두려운 상황에서도 자신의 의견을 차분하게 주장하는 사람, 사람들의 비판에도 마음을 열어 놓는 사람, 친절한 말로 늘 밝은 에너지를 전달하는 사람 등. 그 사람이 된다는 것이 어떤 느낌인지 눈을 감고 상상해보는 것이다. 성격은 생각의 습관으로 변화될 수 있다. 매사 긍정적이고 전화위복하며 부정적 감정에 흔들리지는 않는 성격은 의식적인 노력과 반복된 생각과 행동으로 만들어갈 수 있다. 상황에 맞는 긍정적인 생각 습관을 갖는 것은 우리 뇌 속에 감춰져 있는 새로운 길을 찾고 닦아나가는 것을 의미한다.

'333 정수법'은 자신을 바로 보게 하는 인지치료법이다. 서구에서는 정신치료 분야에서 하루 30분씩 집중 명상 프로그램을 운영하고 있다. 그러나 하루 10분씩, 날마다 조금씩 하는 것만으로도 효과는 충분하다. 하버드 의대의 허버트 벤슨 교수는 저서《이완요법Relaxation》에서 매우 간단한 명상 요법을 소개하고 있다. 의자에 앉거나 선 채로, 아무 곳에서나 5분간 명상을 겸한 복식호흡을 하면 된다는 것이다. 심호흡 자체만으로도 몸과 정신이 이완되며 이를 통해 머리를 비울 수 있다고 그는 실험을 통해 밝히고 있다. 세계적인 영성가 디팩 초프라Deepak Chopra는 3번의 복식호흡만으로도 많은 정신적 찌꺼기를 청소할 수 있다고 한다.

만일 10분 투자도 여의치 않다면, 5분도 좋고 3회 복식호흡만이라도 하면 된다. 하지 않는 것보다 낫기 때문이다. 중요한 것은 짧은 시간의 복식호흡이라도 꾸준히 하는 게 중요하다. 또 있는 그대로 받아들이고 인정하면서 감정의 찌꺼기를 비우도록 노력하되, 원하는 만큼 되지 않더라도 생각이 흘러가는 대로 내버려두어야 한다. 그 또한 스트레스가 되기 때문이다. 대신 포기하지 않고 하루 몇 분이라도 계속해 나가면 어느 순간 편견과 왜곡 없이 자신과 타인, 세상을 바라보게 된다.

순간순간 내 행동을 인식하는 것만으로도 경직된 몸과 마음을 풀어준다. 예를 들어 말할 때, 글을 쓸 때, 운동할 때 등 잠시 멈추고 '내가 지금 무엇을 하고 있지?'라고 인지하는 것이다. 펜을 세게 쥐고 있다거나, 큰소리로 말하고 있다면 몸은 긴장 상태에 있는 것인데, 이때 내 몸속에 카테콜아민과 코르티솔 등 스트레스 호르몬이 쏟아지는 것을 상상해본다. 그리고 잠시 호흡을 고르고 정수의 마음을 갖는다면 몸과 마음이 이완되면서 편안해진다. 순간순간의 행동을 인지하는 습관은 심신의 긴장을 미리 차단하는 효과를 가져와 스트레스를 덜 느끼게 한다.

심호흡으로 마음을
고요하게 다듬다

현대인들은 숨 쉬는 것을 의식하지 않는다. 얕은 숨을 쉰다는 뜻이다. 대중교통의 발달과 실내에서 일하는 직업이 많아지고 운동량이 떨어지면서 현대인들의 몸에는 충분한 산소가 공급되고 있지 못하다. 그로 인해 오랜 기간 동안 질병의 원인이 조금씩 쌓여 간다. 심호흡은 사람을 살리기도 한다. 우리가 본능적으로 심호흡을 하게 되는 순간은 위험에 처했을 때다. 가슴이 답답하거나 급박한 일로 쫓기거나 거의 질식에 이르렀을 때 크게 한 번 몰아쉬는 심호흡이 우리 몸을 매우 빠르게 원래 상태로 돌아오게 한다.

또 일상 속에서 한 번의 심호흡은 차분하게 일에 집중할 수 있도록 해준다. 우리 머릿속엔 늘 다음 할 일을 가득 채워놓고 스스로 스트레스를 만들어내는 경향이 있는데, 심호흡만 자주 해도 복잡한 생각에서 훨씬 자유로워진다. 심호흡은 호흡을 하는 즉시 바로 효과가 있다는 점에서 신비롭다.

심호흡은 숨을 깊게 들이마시므로 충분한 산소를 우리 몸에 공급해준다. 산소는 몸 구석구석으로 전해지면서 노폐물을 배출하여 우리 몸을 깨끗하게 해준다. 몸이 깨끗해지므로 정신도 맑아지고 평온함과 행복감을 느낄 수 있다. 나아가 불안감이나 두려움이 사라지기도 한다. 호랑이를 만났을 때 정신만 똑바로 차리면 살 수 있다고 하는데, 정신을 똑바로 차리는 데는 심호흡만한 것이 없다. 면접 보기 전 심호흡을 몇 번 하면 긴장되고 떨리는 마음이 차분해지는 원리이다.

심호흡은 대인관계에서 평정심을 필요로 할 때도 요긴하다. 사춘기 자녀를 키우고 있는 부모와 10대 학생들을 가르치는 교사를 위한 양육 지침에는 대화하기 전 심호흡을 하라는 항목이 있다. 감정 변화와 기복이 심한 아이들과의 대화에서 자칫 상황을 악화시킬 수 있는 말이나 행동을 할 수 있기 때문인데, 심호흡하며 마음속으로 열까지 세다 보면 평정심을 유지할 수 있다.

심호흡은 감정이 급격히 변하는 상황에서 빛을 발한다. 그러나 감정이 격해지는 순간에 심호흡을 떠올리는 것은 쉽지 않다. 평소 깊고 느린 숨을 쉬는 연습을 해두어야 하는 이유이다. 심호흡, 즉 복식 호흡이 우리 몸에 어떤 영향을 주는지 몇 가지 살펴보자.

● 심호흡 효과

① 산소가 몸 구석구석으로 전달되면 아드레날린과 코르티솔 호르몬이 조절된다. 스트레스를 줄여주고 압박감, 불안감이 사라진다.

② 심호흡을 통해 배출되는 이산화탄소는 우리 몸이 쓰고 남은 찌꺼기이다. 심호흡을 통해 몸속 찌꺼기들이 몸 밖으로 빠져나간다.

③ 통증 감각을 줄여준다. 통증을 느낄 때 심호흡을 하면 몸속의 천연 진통제인 엔도르핀이 분비된다.

④ 원활한 순환으로 우리 몸의 면역 시스템의 균형을 유지한다.

⑤ 심장을 튼튼하게 하고 소화를 돕는다.

⑥ 몸의 생리적 균형(호르몬 균형 등)으로 정서가 안정된다.

● 복식 호흡법

① 코를 통해 천천히 가능한 한 깊게 숨을 들이마시면서 배를 최대한 내민다.

② 이때 어깨와 가슴이 움직이지 않도록 주의한다.

③ 숨을 최대한 들이마신 상태에서 잠시 멈춘다.

④ 숨을 내쉬면서 배를 완전히 수축시킨다.

⑤ 이때는 코와 입을 통해 천천히 배가 쏙 들어갈 정도로 숨을 내쉰다.

⑥ 오로지 숨쉬는 것에만 집중한다.

기록법
쓰면서 사라지다

소설가 마크 트웨인은 자신을 화나게 하는 사람에게 고약한 말투로 비난의 편지를 썼다. 또 자기 원고에 손을 댄 출판사 편집 담당자에게는 마침표 하나라도 고치지 말라며 거센 항의 편지를 썼다. 이런 편지를 쓰는 동안 마크 트웨인은 점차 울화가 풀렸는데, 마크 트웨인이 쓴 편지로 인해 상처 입은 사람들은 아무도 없었다. 마크 트웨인의 아내가 몰래 그 편지들을 불살라버렸기 때문이다.

333 정수법의 보조 수단으로 '기록법'이 있다. 기록법은 종이에 나의 생각을 적는 것이다. 다른 말로 '전이법轉移法'이다. 전이轉移는 다른 곳으로 옮긴다는 뜻이다. 부정적인 감정을 글로 표현하여 사라지게 하는 원리이다. 기분 나쁨, 불안, 화, 짜증 등 불안한 감정을 일으킨 원인을 자세히 적다 보면 시끄러운 마음이 가라앉고 후련한 느낌마저 든다. 그리고 시간이 지나서 다시 꺼내 읽어보면, 그 사이 나쁜 감정을 모두 잊고 다른 일에 집중하고 있는 자신을 발견하게 된다. 그 일이 별일 아니었구나, 생각하고 넘어가기도 한다. 또 어떤 일은 내가 너무 남 탓을 했구나 하는 깨달음을 얻을 때도 있다.

글쓰기는 자기 마음을 스스로 조절할 수 있는 일종의 '마인드컨트롤'이다. 자신의 내면의 생각과 감정을 솔직하게 표현한다는 점에서, 있는 그대로 받아들이는 '정수법'과 비슷하다. 그러나 여기서 중요한 것은 부정적 감정을 무조건 없애는 것이 아니다. 나의 감정과 생각을 시각화하여 정면으로 마주함으로써, 그것이 별일 아님을 아무런 근거가 없는 감정임을 이해하도록 하는 것이다.

참는 것은 미덕이 아니라 질병의 원인이다. '스마일 마스크 증후군'은 '숨겨진 우울증'이라는 뜻으로, 억울한 감정이나 화, 분노 등을 제대로 발산하지 못해 발병한다. 스스로 우울증이라고 깨닫지 못하는 사이 식욕이 떨어지고 감정이 무감각해지면서 두통, 불면, 복통과 같은 다양한 신체적 증상이 나타난다. 그러다가 누군가에게 털어놓으면 가슴이 후련해진다. '임금님 귀는 당나귀 귀'라고 대나무 숲에서 소리를 지르며, 그동안 비밀을 지키느라 쌓인 스트레스를 해소한 이발사의 이야기처럼 말이다. 기록법의 원리도 이와 같다. 내면을 종이에 쓰는 순간 긍정 호르몬이 분비되면서 후련함을 느끼게 된다. 노여움, 두려움도 사라진다. 쥐를 무서워하는 사람에게 쥐를 여러 번 종이에 그리게 하면 쥐에 대한 두려움이 사라진다. 시험이나 발표 전날에 느끼는 초조함이나 두려움을 종이에 적고 나면 그런 감정들에서 자유로워진다. 감정을 담아 두지 않고 흘려보내는 것은 정신 건강에 매우 중요하다.

미국 텍사스대 제임스 페니베이커James W. Pennebaker 교수는 1980년대 후반에 성범죄 피해 여성들을 대상으로 '글쓰기가 정신건강에 어떤 영향을 미치는가'를 연구했다. 여성들의 글은 분노와 눈물로 흠뻑 젖었지만 이를 계기로 피해 여성들은 악몽에서 조금씩 벗어날 수 있었다. 글쓰기로 어느 정도 치유가 된 것이다. 일종의 카타르시스(katharsis, 무의식 속에 숨은 마음의 상처나 콤플렉스를 말·행위·감정을 통해 밖으로 발산시키는 치료) 요법이다.

글쓰기는 스스로에게 고백함으로써 마음속 깊은 응어리를 녹이는 과정이다. 저항할 수 없는 부모님에게 맞서고, 말대꾸도 못하는 직장 상사에게 욕을 퍼붓고, 아내와 남편에 대한 잔소리를 쏟아낼 수도 있다. 면전에서 하기 힘든 이야기를 마음껏 적을 수 있다. 이렇게 쏟아내고 나면, 한 발 물러서 스스로를 관조하며 시련이나 불만, 고난과 덤덤하게 마주할 수 있다. 자연스럽게 인간관계로 인한 갈등도 좋아진다. 마크 트웨인의 편지처럼 아무도 상처입지 않고 편안해진 것이다.

글의 형식은 관계없다. 보통 일기 형식이 편하다. 가상의 인물이나, 종교적 대상에게 일러바치는 느낌으로 글을 써도 좋다. 종교를 갖고 있는 이들은 절대자에게 감정을 쏟아내는 것이 더 후련할 수 있다. 글을 너무 잘 쓰려고 할 필요도 없다. 치유를 위한 글쓰기는 그냥 감정을 쏟아내는 것만으로 충분하다. 그리고 자신이 쓴 글을 여러 번 읽어보면 나의 고민과 고통이 객관화된다. 제 3자의 눈으로 보게 되는 것이다. 그러면 감정의 흐름이 부드러워지고 호흡이 다듬어지는데, 이는 내 몸에 좋은 호르몬이 돌고 있다는 뜻이다. 이때 '아, 내 몸속에 엔도르핀이 돌기 시작하는구나'라고 상상하면 더 많은 긍정 호르몬이 분비된다. 나쁜 스트레스가 좋은 스트레스로 변환되는 순간이다.

한편 부정적인 감정을 털어놓는 글쓰기와 반대로 감사 일기를 통해 긍정적 치유를 하기도 한다. 인간행동학자 존 디마티니John Demartini는 평생 감사 일기를 써왔다. 그는 초등학교에 입학하자마자 읽기, 쓰기 능력에 문제가 있고 의사소통까지 불가능하다는 판정을 받았다. 큰 충격을 받은 그는 14세 때 거리에서 노숙자로 구걸하며 살았고, 17세 때는 약물 중독으로 죽을 뻔하기도 했다. 그런 그가 날마다 감사 일기를 쓰면서 조금씩 변화되기 시작했다. 그는 자신의 인생을 변화시키겠다는 굳은 의지를 세웠고 감사 일기를 쓰면서 스스로 치유하기 시작했다. 일기를 쓰기 시작한 지 2년여 만에 몸과 마음이 회복되었다. 부정적인 생각, 편견, 냉소가 사라진 자리에 열린 마음, 긍정적인 생각이 차올랐다. 자신의 인생은 끝났다고 절망하던 소년을 구해낸 것은 스스로 변화하겠다는 의지를 담은 글쓰기였다. 글쓰기의 힘은 이렇게 놀랍다.

Tip 몸과 마음을 맑게 하는 글쓰기, 이렇게 시작하자

요즘에는 스마트폰이나 태블릿 PC를 많이 사용해서 연필이나 펜을 쓸 일이 거의 없다. 그러나 감정을 정리하는 글쓰기는 펜으로 종이에 쓰는 것이 좋다. 손으로 적으면서 글자를 갈겨쓰는 등 감정을 쏟아내기에 더 적절하고 시각적 효과도 크다. 또 손의 움직임이 많을수록 뇌의 운동 중추가 발달되며 이는 면역기능, 호르몬 기능을 조절하는 뇌 부위에도 좋은 영향을 미친다.

- 기록은 오직 나를 위한 것이다.
  누구도 의식하지 말고 부끄러워할 필요도 없다.
- 잘 쓰려고 하지 말라. 글쓰기가 성찰의 목적도 있지만,
  감정을 풀어내려면 솔직하게 쓰는 것이 중요하다.
- 글을 쓸 때는 문법이나 철자에 신경 쓰지 않는다.
  생각나는 대로 빠르게 적는다.
- 묘사는 자세하게 하고 시간 전후를 따지지 않고 자유롭게 쓴다.
- 같은 표현을 반복해서 써도 좋다.
- 감정 표현도 남을 의식하지 말고 자유롭게, 하고 싶은 대로
  표현하다.
- 날짜를 적는다.
  나중에 다시 읽어 볼 때 지난날의 감정을 경험적으로
  학습할 수 있다.

인생에서 꼭 필요한
삶의 지혜, 정수

세상에서 나를 가장 잘 아는 존재, 마음

333 정수법에서 '정수'는 1, 2, 3단계 전 과정에서 이뤄지며, 몰입도를 높이기 위해 2단계에서 정수에 집중하도록 한다. 우리의 '마음'은 언제나 열려 있는 유일한 대화의 통로이자, 나의 컨설턴트이자 친구, 나아가 나를 보호하는 신이다. 소리 높여 여기 있다고 말하지 않으면서도 나의 모든 이야기를 들어주며, 힘들고 괴로울 때 문득 올려다본 하늘에 답을 적어주기도 한다. 마음은 의식하지 못하더라도 나 자신과 늘 함께한다. 슈퍼마켓에서 함께 카트를 끌기도 하고, 복잡한 출근 버스 안에서 같은 손잡이를 잡고 있다. 정수를 한다는 것은 이런 마음과 대화하는 것이다. 가족이나 친구, 사랑하는 사람, 누구에게도 하기 힘든 이야기를 마음에게 쏟아낼 수 있다. 마음은 절대 그 말들을 다른 사람에게 옮기지 않는다. 세상에서 나를 배신하지 않는 유일한 존재가 마음이다.

　정수와 호흡, 명상, 그리고 글쓰기가 편안하고 즐겁고 안정감을 느끼는 이유는 이처럼 마음과 대화하기 때문이다. 따라서 마음이 없는 정수는 정신적 공황이거나 무엇을 갈망하는 고통의 시간일 뿐이다. 진정한 정수는 마음과 통한다. 마음과의 대화를 통해 나를 이해할 수 있다. 열길 물속은 알아도 한 길 사람속은 모른다. 그만큼 마음은 알기 어렵다. 그러나 정수를 통한 마음과의 대화를 통해 내가 누구인지 알 수 있다.

　내 마음과 대화가 잘 이뤄지면 다른 사람의 마음도 이해할수 있다. 우리가 인간관계에서 어려움을 느끼고 불편한 것은 먼저 내 마음과의 대화, 즉 정수가 충분하지 않기 때문이다. 정수가 충분히 이뤄지면 말과 행동에 거짓이 없고 진실하며 순수하다. 속마음을 터놓을 친구를 찾을 수 없다면 나의 언어와 행동이 진실하지 않기 때문인지도 모른다. 마음과 대화해본 사람이 마음으로 말할 수 있다. 마음이 담긴 말이 사람들에게 진짜 감동과 기쁨을 준다.

　내 마음을 내가 모른다면, 가족과 친구가 먼저 알아주는 것도 불가능하다. 어떤 이들은 내 마음을 몰라주는 가까운 이들때문에 속이 상한다고 한다. 그때 남을 탓하기보다 과연 그 사람의 마음을 나는 이해하고 있는지, 나는 내 마음에 무엇이 담겨 있는지 알고 있는지 자신과 대화해보아야 한다.

　그러면 마음의 실체는 무엇인가. 많은 심리학자들이 마음의 존재를 인정한다. '자아'라는 단어를 쓰기도 한다. 그러나 마음혹은 자아의 실체에 대한 정의는 심리학자의 숫자만큼 많다. 그 무엇도 맞다, 그르다 단정할 수는 없다. 한국인의 80%는 마음이 가슴에 있다고 답한다. 일본은 그 수치가 절반이다. 나머지 50%는 마음이 뇌에 있다고 믿는다. 미국인의 경우 마음이 뇌에 있다는 비율이 70%로, 일본보다 더 높다. 심리학자들의 90%는 마음이 뇌의 작용이라고 말한다. 결국 마음은 보이지 않기에 다양한 해석을 만들어낼 뿐이다. 마음의 목소리는 실체가 없고, 더불어 들어주는 귀도 없다. 우리는 허공에 이야기를 하고 그 허공이 답을 한다.

확실한 것은 혼자 있는 고독의 순간, 어김없이 나타나는 충실한 존재가 마음이라는 사실이다. 마음과의 대화에서 사람들은 울고 웃으며 스스로 고민을 해결한다. 이는 내가 누구인지 깨닫는 과정이기도 하다. 사람들은 마음과의 대화에서 진정한 자신을 발견한다. 찐빵이 찐빵답기 위해 단팥을 마음 안에서 찾아낸다고 할까. 그래서 마음을 들여다보지 않은 채 정신없이 살다 보면 어느 날 문득 2% 부족함을 느낀다. 마음을 만날 시간이 없어 삶이 '단팥 없는 찐빵'으로 전락했기 때문이다. 정수는 나와 대화하는 시간이며 그 과정에서 나를 찾아가는 삶의 진정한 즐거움이다.

내 마음과 대화가 잘 이뤄지면 혼자 있는 것이 두렵지 않다. 우리는 고독한 것은 좋지 않다고 여기지만, 그것은 나 자신과 진실하게 마주하지 못하기 때문이다. 진실한 나와 함께하는 고독함은 결코 고독한 것이 아니다. 헤르만 헤세의 이 말은 우리가 내면의 나와 만나야만 하는 이유를 잘 설명한다. "세상에는 크고 작은 많은 길이 있다. 말을 타고 갈 수도 있고 셋이서 갈 수도 있다. 그러나 결국 마지막은 혼자서 걸어야 한다."

버리지 못한 감정들은 나중에 어떻게 될까

우리 사회는 죽음, 이별, 병, 실패 등 크고 작은 불행을 빨리 털고 일어나는 사람을 승리자로 치켜세운다. 그렇지 못한 사람들은 죄책감에 시달린다. 불행과 상처 앞에서 슬퍼하고 괴로워하는 것은 잘못이 아니다. 때로는 화를 내거나 울음, 고백 등 자기만의 방법으로 솔직하게 감정을 표현함으로써 마음은 평정을 되찾는다.

정수는 다른 한자어로 정수情修, 즉 '깨끗하게 마음을 닦는 것'을 의미하기도 한다. 생존을 위해 필요한 것 가운데 하나가 쓰레기를 치우는 일이다. 일상에서의 쓰레기 청소는 삶의 기본이다. 저장강박증은 필요한 물건이 아닌데도 버리지 못하고 계속해서 쌓아두는 증상을 말한다. 필요한 물건이 아니라는 것을 알면서도 이유를 알 수 없는 불안감, 불쾌한 감정을 느껴 버리지 못하는 것이다. 심하면 쓰레기까지 쌓아둔다. 원인은 보통 강한 정신적 충격을 받아 이성적인 사고를 담당하는 전두엽이 손상되거나, 세로토닌 결핍과도 연관이 있다.

쓰레기가 생긴다는 것은 다르게 말하면 살아있다는 증거이다. 죽은 생명체는 쓰레기를 만들어내지 못한다. 오히려 많은 쓰레기는 그만큼 열심히 살고 있다는 증거이기도 하다. 쓰레기는 바로바로 치워야 생활을 이어갈 수 있다. 일상의 쓰레기는 물론 몸속의 쓰레기들도 바로바로 치워야 한다. 잔뜩 먹고 화장실에 가지 않는다면 몸속 노폐물이 쌓이고 독소가 쌓여 병이 생긴다. 방광의 오줌을 배출하지 못하면 결국 죽고 만다. 몸의 순환과 균형이 원활하려면 반드시 노폐물을 제거해야 한다.

마음과 머릿속의 찌꺼기도 마찬가지다. 삶은 우리 마음속에 많은 앙금과 찌꺼기를 만든다. 회사 상사에게서 들은 돌덩이 같은 꾸중, 친구가 던진 유리 파편 같은 배신감, 하물며 낯선 사람과 거리에서 세게 부딪히며 느낀 불쾌감⋯⋯. 모두 머릿속에 동동 떠다닌다. 이것이 바로 스트레스이자 정신적 쓰레기이다. 쓰레기가 제때 치워지지 않으면, 얼굴을 찌푸리게 되고 머리는 지끈거리고 가슴은 답답하다. 이때 밖으로 나가 혼자서 좀 걷거나 호젓한 곳에 앉아 있으면 기분이 맑아지고 가벼워진다. 마음은 쓰레기를 치우기 위해 본능적으로 혼자만의 시간을 갖도록 이끈다. 그것이 가장 좋은 쓰레기 처리법임을 알고 있는 셈이다. 열심히 공부한 뒤 잠시 휴식을 취하는 것도 같은 이유이다. 그래야 뇌 속에 공간이 생기고, 다시 책상에 앉아서 더 많은 공부를 할 수 있다. 분초를 다투며 사는 현대인에게 이런 감정 청소

시간은 꼭 필요하다. 너무 바빠서 정신없이 일을 하지만, 혼자 있는 시간을 만들어 쌓인 찌꺼기를 버려야 한다. 고독이라는 봉투에 묵직한 돌과, 깨진 유리를 담아야 한다. 정수는 부정적인 감정(찌꺼기)을 있는 그대로 바라본다는 점에서 '차가운 이성'이지만, 이를 통해 '나 자신을 긍정하는' 따뜻함이 있어서 아무리 많은 마음의 쓰레기들도 모두 녹여낼 수 있다. 그것이 바로 진정한 정수이다.

여기서 질문 하나. 만약 돈과 신용카드가 들어있는 지갑을 잃어버렸다면 어떻게 행동하겠는가. 첫째는 신용카드 분실 신고를 한다. 둘째 주민등록증이나 운전면허증 각종 허가증 등도 분실 신고를 한다. 그리고 마지막으로 주위 사람들에게 사실을 털어놓고 지갑을 잃어버려 속상하고 화가 난 마음을 깨끗하게 잊어버린다. '잊어버리는 일'이 가장 중요하다. 살다 보면 어디 지갑 정도 잃어버리는 일뿐이겠는가. 그때그때 버리고 잊어야 또 채울 수 있고 그렇게 앞으로 나아가는 게 인생이다.

홀로 있으라, 별은 어둠 속에서 빛난다

"욕심을 버려!"

일이 풀리지 않는 사람에게 자주 하는 조언이다. 이는 목표한 바를 포기하라는 뜻이 아니다. 간절한 소망을 버림으로써 무거운 부담감에서 벗어나라는 의미다. 야구 코치는 슬럼프에 빠진 타자들에게 '안타를 치고 싶으면, 잘 치겠다는 마음을 버리라'고 조언한다. 욕심을 버리는 순간, 마음의 헐렁해지면서 그 빈 곳을 채울 에너지가 만들어진다. 안타를 반드시 치겠다는 마음을 버리는 순간 경직된 몸이 풀어지고 마음의 여유가 생기면서 공에 집중하게 되고 뜻밖의 안타를 만들어 내는 것이다.

욕심이 지나치면 잃을 수 있다. 마음이 '갖기'를 열망할수록 현실에서는 잃어버리는 경향이 있다. 동양의 고전《장자》에 이런 말이 있다. "질그릇을 걸고 활을 쏘면 잘 쏠 수 있지만, 허리띠의 은고리를 내기로 걸고 쏘면 마음이 흔들리고, 황금을 걸고 활을 쏘면 눈앞이 가물가물하게 된다." 사즉생 생즉사死卽生 生卽死, 역시 같은 맥락의 뜻이다. 죽기를 각오하면 오히려 살고, 살기를 각오하면 반대로 죽는다. 죽음을 각오했다고 숨이 끊어지는 것은 아니다. 오히려 사람을 살리는 강렬한 에너지가 쏟아진다. 그 힘으로 전쟁에서 승리한다. 이순신 장군은 죽기를 각오했기에, 단 13척의 배로 열 배가 넘는 일본군을 무너뜨렸다. 정말 살고 싶다면, 살려는 욕심보다 죽음을 각오해야 할 때가 더 많다.

피땀 흘려 쓴 원고가 마음에 안 들 때가 있다. 버리자니 아깝고 들고 있자니 마음에 안 든다. 그럴 때 과감히 버릴 줄 알아야 한다. 버리면 신기하게 그 자리를 채울 새로운 아이디어가 떠오른다. 도공들이 조금이라도 마음에 안 드는 그릇을 망치로 부숴 버리는 이유도 마찬가지다. 그들이라고 작품이 아깝지 않을까. 하지만 그걸 마음에 담고 있으면, 완벽한 그릇을 만들어낼 능력과 여유가 사라진다.

삶에서 혼자 있는 시간을 만들어야 하는 이유도 비슷하다. 안이 어두워야 밖이 잘 보이기 때문이다. 밤길을 달리는 자동차를 예로 들어보자. 어두운 도로를 달리는 자동차는 모두 실내등을 끄고 있다. 실내가 어두워야 내가 가야 하는 길의 방향이 선명하게 보이기 때문이다. 자동차의 안전은 안을 어둡게 할 때 보장된다. 나 혼자만의 시간을 갖는 것은 내 안의 불을 끄는 일이다. 외부와 연결된 모든 스위치가 내려가고 선이 끊어지면서 오감은 내면으로 향한다. 그러면 비로소 내 안의 목소리가 들려오고 대화가 시작된다. 지금 이대로, 있는 그대로 나를 인정하면서 대화를 하다 보면 내가 가야할 길이 환하게 보인다. '자, 힘내서 가보자'는 의지가 솟고, 힘들어하고 있는 문제 해결의 실마리를 발견하기도 한다.

나침반이 없던, 시절 사막을 지나가는 대상들은 어둠이 내린 뒤 별을 보면서 길을 찾아갔다고 한다. 일이 잘 풀리지 않거나 인간관계 때문에 힘들고 괜스레 짜증과 우울감을 느낄 때 홀로, 내면을 들여다보는 시간을 가져보라. 그것이 진정한 정수이다.

마음이 몸을 바꾸고,
몸이 마음을 바꾸다

우리 조상들은 사람을 만날 때 반드시 '신언서판'을 따져보았다. 신身은 몸가짐과 태도를, 언言은 말의 조리와 확신을 가리키며, 서書는 글의 내용과 글씨를, 판判은 판단 능력을 보는 것이다. 이 고사성어에서 '몸가짐'은 몸과 마음의 상관관계를 말해준다. 즉 몸이 가지런해야 생각도 가지런하다는 것, 이는 과학적으로도 일리 있는 말이다.

사회심리학자인 에이미 커디Amy Cuddy는 2012년 '당신의 신체 언어가 당신의 모습을 결정한다'는 주제로 한 테드TED 강연에서 흥미로운 실험결과를 발표했다. 보통 스포츠 시합에서 승리한 사람은 한결같이 하늘을 향해 두 팔을 좍 펼치는 포즈를 취한다. 이 점을 중시한 그는 자세가 우리 몸에 어떤 변화를 가져오고 어떤 영향을 끼치는지 실험을 했다.

첫 번째 실험은 각각 '힘 있는 자세'와 '힘없는 자세'를 취하게 하고 호르몬 수치를 검사한 결과 '힘 있는 자세'를 취한 사람들은 테스토스테론은 20% 증가, 코르티솔은 25% 감소한 반면, '힘없는 자세'를 취한 집단은 테스토스테론은 10% 감소, 코르티솔은 15% 증가했다. 테스토스테론은 용기와 자신감과 관련된 호르몬이다.

또 다른 실험은 취업 면접자들을 대상으로 했다. 대기실에서 각각 힘 있는 자세와 힘 없는 자세를 취하게 한 뒤 면접을 보았는데 면접 결과, 힘 있는 자세를 취했던 사람들이 더 긍정적인 평가를 받았다. 즉, 힘 있는 자세를 취한 사람들의 뇌에서 긍정적인 변화가 일어난 것이다.

몸짓의 작은 변화만으로도 우리의 뇌가 영향을 받는다는 것을 알 수 있는 실험이다. 에이미 커디는 말한다. "몸(태도)은 뇌(마음)를 변화시키고 행동을 변화시키고, 행동은 우리가 하려는 일의 결과를 변화시킨다." 플라시보 효과는 믿음(마음)이 질병의 경과에 영향을 미친다는 것이다. 반대로 몸의 이완반응에 의해 심리적 안정과 통증이 완화되고 면역 기능이 강화된다.

낙관주의,
모두가 닮아야 할 B형 성격

정신과의사인 이근후 박사는 청년시절 독도행 배를 타고 가다 바다에서 태풍 사라를 만났다. 태풍 사라는 우리나라에서 가장 강력한 태풍으로 기록되는데, 수백 명의 사람이 목숨을 잃었던 것으로 기억한다. 엄청난 비바람이 배를 덮쳤지만 청년 이근후는 뱃멀미 때문에 비몽사몽 자다 깨다 했다. 정신을 차렸을 때는 거짓말처럼 바람이 잦아져 있었다. 멀미 때문이라지만, 폭풍은 자신의 힘으로 어쩔 수 없는 불가항력이니 잠이나 자야겠다고 이 박사는 생각했다. 어차피 걱정을 하건 안 하건 모든 것은 지나가는 법. 내 힘으로 해결할 수 없는 일이라는 판단이 선 뒤에 모든 것을 내려놓고 기다린 것이다. 그렇게 잠에서 깨어보니 바다는 잔잔해져 있었다. 자연스럽게 일이 해결된 것이다. 낙관주의의 힘은 여기에 있다.

낙관주의 성향이 가장 강한 유형이 바로 B형 성격이다. B형은 나쁜 일을 겪어도 크게 기분 나빠하지 않고 '그럴 수도 있다'고 넘긴다. 꾸중과 충고를 들어도 언짢아하지 않는다. 이런 사람을 우리는 보통 기질적으로 타고났다고 여기고 부러워한다. 그런데 낙관주의는 정말 타고나는 것인가. 아니다. 낙관주의적인 생각과 행동은 후천적으로 충분히 배울 수 있다.

B유형의 가장 큰 단점은 단순한 낙관주의라는 점이다. 즉 생각으로만 머무는 낙관주의다. 그저 어떤 상황을 모면하려고, 회피하고, 포기하는 무기력한 낙관주의. 이런 B형 사람들은 모든 일에 하고자 하는 의욕이 크지 않다. 그만큼 삶의 기쁨도 즐거움도 떨어진다. 반면 진정한 낙관주의자들은 어떤 문제가 닥쳤을 때 잘해낼 수 있다고 생각하고 노력하며 행동으로 옮긴다. 자신이 B형 성격에 가깝다고 생각되면, 스스로 어떤 낙관주의자인지 살펴보아야 한다. 10년 후 그 사람이 행복한지 알아보려면 경제력을 볼 것이 아니라 그의 기질을 파악하면 된다고 한다. 그 기질이란 바로 진정한 낙관주의 기질이다.

어부는 빈 그물을 걷어 올리더라도 조급해하거나 낙담하지 않고, 다시 그물을 내리고 내일을 기다린다. 우리가 닮아야 할 낙관주의는 이런 모습이다. 특히 A형 성격은 B형의 장점을 받아들이면 단점을 보완할 수 있다. A형의 대표적인 특징은 강한 성취욕이다. 인생을 살아가는 데 유리한 기질이다. 그러나 경쟁심이 높고 매사 조급하고 완벽주의 기질 탓에 자주 긴장한다. A형 가운데서도 이런 기질이 강한 사람은 만성질환에 시달릴 확률이 매우 높고 행복도는 떨어진다. 나아가 건강이 안 좋아지면 행복감이 떨어지고 행복감이 떨어지면 몸의 건강은 더 나빠진다. 물론 극단적인 A형 또는 극단적인 B형 성격을 가진 사람은 드물며, 누구나 A형 또는 B형 성격을 동시에 지니고 있으며 정도를 달리하고 있을 뿐이다. 의욕적인 A형의 장점과 낙관적인 B형의 기질이 조화를 이루는 것이 가장 이상적이다.

B형 성격을 닮기 위해서는 의식적인 노력이 필요하다. 첫째, 하루 할 일들을 리스트로 만들어 실행한다. A형은 짧은 시간 안에 많은 일들을 하려고 한다. 빨리 그 일을 끝내지 않으면 불안하기 때문이다. 시간이 늘 모자라다고 생각하고, 다른 사람에게도 재촉한다. 리스트는 그날 꼭 해야 할 일들을 중심으로 적되, 이 정도만 해내도 잘한 것이라고 생각한다. 그러면 시간에 쫓기지 않고 안정감 있게 일을 할 수 있고 만족도가 높아진다.

둘째, 할 일에 대한 리스트를 만들 때 자신이 흥미로워할 만한 일들을 한 가지씩 넣는다. 예를 들면 점심 식사 후 산책이나 자동차 안에서 음악 듣기, 하루 30분씩 책 읽기 등 자투리 시간을 이용해 혼자만의 여유를 만끽하는 것이다. 긴장이 풀어지고 넓은 시선으로 바라보게 된다.

셋째, B형 성격을 가진 낙관적인 사람들과 어울린다. 그들과 만나서 밥도 먹고 차도 마시면서 이야기를 하다 보면 확실히 느긋한 기질을 보고 배우게 된다. B형 역시 A형 기질의 영향을 받는다. 이렇듯 인생은 혼자 만들어가는 것이기도 하지만 내가 선택한 사람들(관계)에게 영향을 받으므로 직장동료, 친구, 배우자 등 서로에게 도움이 되는 유형을 만나도록 노력한다. 내가 생각하는 이상적인 부부는 B형과 A형이 만나는 것이다. 서로의 성격에 브레이크를 걸어주므로 살면서 생기는 이런저런 문제를 잘 극복할 수 있다. 서로의 장단점을 솔직하게 인정해야 함은 물론이다. 대학동기인 S는 천하태평, 사람 좋기로 유명했다. 결국 그 성격 때문에 사업에 크게 실패했는데, 다행히 그의 아내가 A형이었다. 집안 살림이 급격히 안 좋아졌지만 아내는 '괜찮다, 다시 시작하겠다'는 남편의 웃음 때문에 좌절하지 않았고, 아내는 꼼꼼하게 뒷정리를 도맡아 하면서 사업을 다시 일으킬 수 있는 발판을 마련했다. 천천히 문제를 극복해가는 친구 부부를 보면서 삶의 의미를 새삼 되새겨볼 수 있었다.

넷째 '내가 없어도 그 일을 할 사람은 있다'고 생각하라. 어떤 일을 내가 해야만 잘할 수 있다는 생각을 버리라는 것이다. 그래야 일에 대한 과중한 부담감을 덜어낼 수 있고, 다른 사람에게 도움을 청하는 일을 어렵게 느끼지 않는다. 세상은 내가 없어도 잘 돌아간다. 다만 내가 조금 도움을 줄 뿐이다, 라고 생각하라.

습관이 성격을 결정하고
성격이 행복을 만든다

지난 30여 년 동안 많은 과학자들이 몸의 건강이 환경과 정신, 감정에 의해 큰 영향을 받는다는 것을 과학적으로 증명해왔다. 마음 – 뇌 – 몸이 연결된 형태를 분자과학 수준에서 연구하는 한편, 이를 바탕으로 정신건강의학 분야에서는 스스로 마음을 조율함으로써 건강한 몸, 건강한 마음을 갖도록 하는 데 노력해왔다.

살아있다는 것은 곧 스트레스를 받는 것이다. 먹고 일하고 사람들을 만나고, 하고 싶은 목표를 세워 실행하고, 끊임없이 선택해야 하고, 결혼하고 아이를 낳고 병들고 늙어가는 과정, 매 순간이 스트레스다. 그 가운데 내 뜻대로 되지 않은 뜻밖의 일에 대한 스트레스를 어떻게 대응하고 해소하느냐에 따라 우리의 건강과 행복은 결정된다. 해소되지 못한 '마음의 독'은 우리의 몸과 마음을 서서히 병들게 한다. 스트레스를 받아들이고 대응하는 방식(태도)이 바로 '성격'이다.

많은 사람들이 성격은 타고나는 것이며 쉽게 바꿀 수 없다고 단정 짓는다. 그러나 의사로서 수십 년 동안 많은 환자들을 만나고 대화하면서 내가 내린 결론은 '성격은 만들어지는 것'이란 점이다. 우리의 성격은 태어나서 크고 작은 일들을 겪으면서 깨지고 깎이고 다듬어지면서 비로소 완성되는 삶의 결과물이다. 부모에게서 유전적으로 물려받은 성격을 '재산'이라고 하면, 재산을 이리저리 굴려서 인생에 손해가 되지 않도록 만들어가는 것이라고 할까. 보통 성격이 괴팍한 노인들을 보며 인생을 잘못 살았다고 여기는 것도 같은 맥락이다. 물론 여러 가지 불행한 일을 겪으면서 괴팍한 성격으로 변했을 수 있지만 생각해보라. 똑같은 불행을 겪고도 인품이 훌륭하고 이타적인 삶을 살아가며 스스로도 행복하고 타인에게도 기쁜 에너지를 전하는 이들은 또 얼마나 많은가.

누가 뭐래도 인생의 목표는 행복이다. 살아있는 존재는 행복해야만 한다. 행복의 조건은 일에 대한 만족과 성취감, 몸과 마음의 건강, 사랑하는 사람들과 원만한 관계, 수명 등을 들 수 있다. 이들 조건을 갖추는 데 성격이 결정적인 역할을 한다. 앞에서 설명한바 같이 행복해지기 위한 최선의 성격은 E형이다. E형은 타고난 성격의 단점을 있는 그대로 인정하되 겸손과 감사, 배려, 봉사하는 마음을 갖추려 노력하는 사람이라고 할 수 있다.

E형 성격을 닮기 위해 가장 좋은 방법은 '생각의 습관'을 만들어가는 것이다. 매 순간 생각의 추를 긍정도 부정도 아닌 균형에 맞춰 놓는 것이다. 진정한 긍정은 현실을 있는 그대로 직

시하고 해결책을 찾아 합리적인 방향으로 삶의 방향을 트는 것이다.

사실 우리가 인생에서 아주 큰 불행을 맞는 것은 몇 번 되지 않는다. 오히려 일상에서 사소한 감정 처리를 억제하거나 잘못 발산해서 빚어지는 스트레스가 더 많다. 하루에도 수십 번 소소한 일로 갈등하고 상처입고 분노한다. 그 사소한 일들이 불행의 씨앗이 된다. 그런 일상의 감정에 대한 마음의 준비가 바로 '생각의 습관'이며, 생각의 습관이 모여 나의 성격이 결정되는 것이다. 나폴레옹은 말했다. "생각의 씨앗을 뿌리면 행동의 열매가 열리고, 행동의 씨앗을 뿌리면 습관의 열매가 열리고, 습관의 씨앗을 뿌리면 성격의 열매가 열리고, 성격의 씨앗을 뿌리면 운명의 열매가 열린다."

자, 당신은 지금 어떤 생각의 씨앗을 뿌리고 있는가. 어떤 태도와 어떤 성격으로 살아가고 있는가.

안셀름 그륀 신부의 '하루를 살아도 행복하게'라는 글로 이 책을 마무리한다.

매일은
반가운 초대
새아침이 밝으면
삶이 당신을 기다린다.
밝고 다채로운 삶이.
묵은 하루가 가고 새로운 하루가 찾아왔다.
오늘은 어떻게 맞이할지는 당신에게 달려있다.
하루를 가슴 짓누르는 부담으로 여길 수도,
설레는 약속처럼 느낄 수도 있다.
당신을 위한 날이 밝았다며 기뻐할 수도 있고
씻지도 않은 채 기력도 없이 무덤덤하게 일과를 시작할 수도 있다.

오늘의 삶을 스스로 선택해본다.

(-《하루를 살아도 행복하게》, 안젤름 그륀, 위즈덤하우스)

삶의 마지막, 죽음의 순간까지
닮아야 할 E형 성격

한국에서 소아과 전문의 자격증을 따고 박사과정을 마친 뒤 미국으로 건너갔다. 그때가 1975년, 30대 초반이었다. 뉴욕의 한 의과대 병원에 근무하기 위해 면접을 보러 갔더니 미국인 교수가 나에게 레지던트 과정부터 다시 밟으라고 했다. 한국에서 배운 것은 인정하지 않겠다는 뜻이었다. 자존심이 상한 나는 불쾌한 표정을 감추지 못했다. 하지만 어쩔 수 없었다. 뉴욕 다운스테이트 메디칼 스쿨의 레지던트 과정을 이수하기로 하고 첫 출근하던 날, 지도교수가 이런 질문을 던졌다.

"당신 환자 가운데 여섯 살 된 남자아이가 있다고 생각해보

라. 그런데 갑작스럽게 아이의 엄마가 교통사고로 사망했다. 아이의 아버지가 당신을 찾아왔다. '아들에게 아직 엄마의 죽음을 말하지 못했다, 당장 내일이 아내의 장례식인데 아들을 데려가야 하는지 말아야 하는지, 아이에게 사실을 어떻게 전해야 하는지'에 대해 의사인 당신에게 자문을 구한 것이다. 아이의 주치의로서 당신은 어떻게 대답하겠는가.”

소아과 전문의에 의학박사라고 으스대고 뻣뻣하게 앉아 있던 나는 큰 충격을 받았다. 의사가 되기 위해 오랜 시간 공부하고 수련해왔지만, 생각해보면 그동안 나는 몸에 드러난 병을 치료하는 데만 집중해 왔다. 교수가 던진 질문의 요지는 '의사는 몸의 병만 치료하는 것이 아니다. 마음까지 보고 함께 치료해야 한다'는 것이었다. 그때까지 내가 배운 것은 증상에 따른 원인을 찾고 주사와 약을 처방하는 것에 불과했다. 그야말로 기술자일 뿐이었구나, 깊은 자괴감이 들었다. 그 길로 나는 전공을 바꿔 '정신신경면역학(psychoneuroimmunology, 마음이 신경계, 내분비계, 면역계에 미치는 영향력 연구)' 공부를 시작했다. 나에게는 의사로서 큰 전환이었다. 그러면서 지도교수가 던진 질문의 의미와 그 답을 찾아갔다. 여섯 살 아이에게 어머니의 죽음을 어떻게 이해시켜야 할까. 답을 해주기 위해서는 먼저 그 연령대의 아이가 '죽음'을 어떻게 이해하고 있는지 알아야 한다. 죽음을 받아들이는 방식은 성장 시기별로 차이가 있다. 3~4세 가량의 아이는 죽음을 단지 어디론가 잠시 떠나는 것쯤으로 이해한다. 그래서 자신이 어른들 말을 잘 들으면 엄마가 곧 돌아올 것이라고 생각한다. 5~6세 전후는 '영원한 이별(permanent separation)'로 인식하여, 영영 돌아오지 않는 것으로 받아들인다. 8세 정도에 이르러서야 아이들은 죽음을 '신체적 소멸'로 이해하기 시작한다. 생명에 대한 개념이 세워지는 것으로, 사람의 몸이 썩으면 흙으로 돌아간다는 구상적 개념(concrete idea)으로 이해한다. 그리고 사춘기가 되면 죽음을 추상적이면서도 철학적으로 이해하기 시작한다.

과거 미국인 지도교수의 질문에 대한 나의 답은 매우 적절치 않았다. '네 엄마는 멀리 공부하러 갔으니까 한참 뒤에 올 거야'라는 식으로 답하겠다고 했다. 아이의 정서적 발달을 고려한다면, '엄마는 교통사고로 돌아가셨다'고 솔직하게 말해야 한다. 그리고 장례식장에 데려가 엄마의 마지막 모습을 보여주고 입맞춤을 하게 한 뒤 엄마와 잘 이별할 수 있도록 도와야 한다. 그래야 아이는 가족과 함께 슬픔을 견디는 법을 터득하며, 죽음에 대한 자연스러운 긍정을 통해 건강하게 성장할 수 있다. 만약 엄마의 죽음을 감추고 쉬쉬한다면, 어른들에 대한 불신, 뭔가 은밀하게 감춰지는 것에 대한 막연한 불안감으로 내적인 상처를 입게 될 확률이 높다. 아이의 불안한 정서는 성장 과정에서 여러 문제를 일으킬 수 있다. 그때 나의 답을 듣고 지도교수는 이런 조언을 해주었다.

"이해시키려고 애쓰지 마세요. 아이들은 스스로 자기 방식대로 이해합니다. 엄마가 죽었다고 하면 '죽는다는 것은 못 돌아오는 것이구나'라고 생각할 수도 있고, 또 다른 방식으로 이해하는 아이들도 있을 것입니다. 어른들은 사실을 이야기할 의무가 있습니다. 그러면 아이는 스스로 극복할 수 있는 힘을 키우게 됩니다." 즉 어려서부터 모든 일을 있는 그대로 받아들일 수 있는 습관을 지니도록 해줘야, 성인이 된 뒤에도 현실을 견딜 수 있는 힘, 그러니까 건강한 '성격'이 다듬어진다는 것이다.

워싱턴주립대 면역학 교수를 지내고, 한국으로 돌아온 뒤 나는 우리나라 최초로 '스트레스 면역학', '마음면역학'을 전파하는 데 앞장서 왔다. 대학 강단에 설 때마다 학생들에게 내가 미국인 지도교수에게 받았던 질문을 그대로 묻곤 했는데, 내심 '마음(Mind)'이 건강에 절대적으로 중요한 작용을 한다는 사실을 알고, '환자의 정서와 마음을 이해하고 관리해주는 의사가 되라'는 뜻이었다.

미국에서 면역학을 전공한 이후 나는 '마음'이 '건강'에 영향을 미친다는 원리를 바탕으로 통합적인 방법을 사용하여 환자들을 치료해왔다. 증상에 따른 치료와 더불어 마음을 이용하여 생리적 변화를 이끌어내도록 했다. 많은 질환이 잘못된 생활습관이 원인이 되므로, 이를 바꾸기 위해 심리분석, 정신건강 상태 평가, 영양요법, 명상, 운동 등 다양한 치료법을 사용했다. 환자 데이터가 축적되면서, 무엇보다 환자의 성격이 건강에 미치는 영향이 크다는 것을 알고, 성격과 건강과의 관계성을 집중적으로 연구했다. 'E형 성격'은 그 연구의 결과물이다. 스트레스에 약한 성격 유형이 질병을 일으킨다는 것은 이미 많은 연구가 이루어져 있다. 그 연구를 바탕으로 기존에 발표된 성격 유형(A~D형)에서 스트레스에 유연하게 대처하는 성격 유형을 'E형 성격'으로 명명했다. 'E형 성격', 'E형 인간 닮기'는 자신의 성격 유형(A~E형)을 되돌아보고, 이를 있는 그대로 인정하면서 긍정적인 생각을 갖도록 스스로 성격변화를 유도하는 데 있다. 성격을 돌아보고, 아픈 곳을 직시하고, 현실을 있는 그대로 바라보는 것은 몸과 마음의 건강을 위한, 그래서 조금만 더 행복해지기 위한 과정이다.

어쩌면 인간의 성장과 성숙은 스스로 경험하고 판단하면서 만들어가는 것인지도 모른다. 70대를 살고 있는 나, 그리고 노인병원에서 근무하는 동안 수많은 노인 환자를 보면서 '삶은 죽을 때까지 성장하는 것'이라는 생각이 들었다. 비록 침대에 누워 있더라도 하물며 고생하고 있는 가족들에게 미소 한 번 보일 수 있다면 그것 자체로도 성장이 아닐까. 고통 속에서도 할 수 있는 일이 있고 해낼 수 있다면 말이다. E형 성격은 순간순간, 언제나, 삶의 마지막 죽는 순간까지 우리가 닮아야 할 바람직한 인간 유형이다.

●

두려운 미래를 푸는
열쇠는 어디에 있을까?
바로 그 핵심은 자기 자신에게 있다.
자신을 들여다보고 자신을 아는 것,
그리고 모르는 것을 모른다고 하는 것,
끊임없이 변화되는 미래에
자신을 고집하지 않고
변화하려는 마음가짐과 유연한
사고를 갖는 것이다.

＿ 유발 하라리Yuval Noah Harari

E형 인간
성격의 재발견

ⓒ 변광호 2017

2017년 9월 30일 초판 1쇄 발행
2017년 10월 27일 초판 2쇄 발행

지은이 **변광호**
발행인 박상근(至弘) • 편집인 류지호 • 상무 이영철 • 편집 김선경, 양동민, 이기선, 주성원
디자인 쿠담디자인 • 제작 김명환 • 전략기획 유권준, 김대현, 최창호, 양민호 • 관리 윤애경
펴낸 곳 불광출판사 (03150) 서울시 종로구 우정국로 45-13, 3층
　　　　대표전화 02) 420-3200 편집부 02) 420-3300 팩시밀리 02) 420-3400
　　　　출판등록 1979. 10. 10.(제300-2009-130호)

ISBN 978-89-7479-369-2 (03180)

이 도서의 국립중앙도서관 출판예정도서목록(CIP)은
서지정보유통지원시스템 홈페이지(http://seoji.nl.go.kr)와
국가자료공동목록시스템(http://www.nl.go.kr/kolisnet)에서 이용하실 수 있습니다.
(CIP제어번호: CIP2017024488)